독립전쟁에 일생을 바친 군인
김학규

독립전쟁에
일생을 바친 군인
김학규

| 김광재 지음 |

글을 시작하며

선생의 호는 동이東耳. 본시 평남 평원군 출생으로서 말은 적게 하고 일을 많이 하는 종용하고도 열렬한 투사이시다.

1937년 대한민국 임시정부의 여당 격인 한국국민당의 기관지『한민』 15호(1937. 7. 30)에 실린 백파 김학규 장군(1900~1967)에 대한 인물평의 일단이다. 중일전쟁 직후 임시정부 군사위원으로 선임된 김학규에 대해 평가한 것이다. 김학규의 사람됨에 대해 이보다 더 적절한 평은 없으리라고 본다. 동이는 '동쪽의 귀'라는 말로, 호에 이耳 자를 넣은 것은 자신의 말을 앞세우기보다는 다른 사람의 말을 경청한다는 뜻일 것이다. 임시정부나 광복군의 단체사진 가운데에서 찾을 수 있는, 학구적인 분위기를 풍기는 검은 테의 안경을 낀 김학규의 모습은 '종용'하지만 '열렬'한 투사였던 그의 이미지와 부합한다.

김학규는 일제강점기에 중국 대륙을 누비면서 조선혁명군 참모장, 한국광복군의 참모이자 지대장, 전략가로 활약하였는데, 한국독립운동에서 드물게 볼 수 있는 문무를 겸비한 항일 명장이었다. 그는 격식보다는 실용을, 위세보다 인화를 중시하는 덕장으로 추앙받아왔다. 김학규를 가까이서 지켜본 한국광복군 대원들은 그가 온후한 성품을 지닌 외유내

강형의 인물로, 불굴의 의지와 불타는 신념을 가진 타고난 독립운동가였다고 입을 모으기도 하였다.

하지만 한국 독립운동사에서 김학규가 차지하는 위상에도 불구하고 그에 대한 연구는 영성하기 짝이 없다. 흔한 평전이나 전기도 없다. 물론 만주 지역의 항일무장투쟁, 임시정부 및 한국광복군의 대일 항전 등과 관련하여 김학규의 독립운동 활동상이 소개되었지만, 그에 대한 본격적이고도 전면적인 연구가 아직까지 이루어지지 못하고 있다. 그렇게 된 데는 광복 후 김구 시해사건에 연루되어 억울한 옥살이를 하는 등 이승만 정권의 탄압을 받았던 김학규의 굴곡 많았던 인생이 영향을 미쳤을 것임을 짐작하기 어렵지 않다. 따라서 이제는 고난으로 점철된 그의 생애를 한국근현대사의 전면으로 불러내어 체계적으로 복원할 필요가 있다고 판단된다.

한국광복군 연구를 통해 학계에 몸담기 시작한 필자는 평소 김학규에 대해서 학문적인 조명이 이루어져야 한다는 생각을 해왔다. 그러던 차에 독립기념관 한국독립운동사연구소의 독립운동가 열전 집필 사업에 참여하게 되었다. 이 기회를 빌려 부족하나마 김학규 장군에 대한 조촐한 열전을 지어 그의 영전에 바치고자 한다. 이 책이 김학규 장군의 유지를 이어 받드는 데 조금이라도 도움이 되었으면 하는 바람이다. 여러 가지로 부족한 필자에게 이러한 과업을 맡겨주신 독립기념관 한국독립운동사연구소 측에 지면을 빌려 더 깊은 감사를 드린다.

2016년 11월
김광재

차례

글을 시작하며 4

- 출생과 만주로의 이주
  출생과 기울어져가는 가세 8 | 이갑의 영향과 서간도 이주 12
  황무지 개척과 주경야독 14

- 신흥무관학교 수학과 초기 독립운동
  1910년대 서간도 독립운동 17 | 3·1운동에 참여하여 국내 진입 시도 22
  신흥무관학교에 입교하여 수학 25 | 한국의용대 활동과 민족학교 교직 생활 29

- 만주 조선혁명군에서의 항일무장투쟁
  조선혁명군 참모장 활동과 결혼 33 | 9·18 사변과 중국의용군과의 연대 추진 38
  중국의용군 당취오 부대와 연합하여 항일전쟁 추진 41

- 관내 이동 및 독립운동정당 통일운동
  9·18사변 후 만주독립운동세력의 관내 이동 46
  조선혁명당 대표로 관내에 파견 49 | 관내지역 독립운동정당 통합운동에 참여 52
  민족혁명당 창립과 조선혁명당의 개건 56

- 중일전쟁 발발과 군사활동의 재개
  중일전쟁 발발과 임시정부의 군사위원회 활동 61
  민족연합전선운동과 광복군 창설 준비 67

- 한국광복군 창설과 활동

    임시정부의 대일군사전략과 국군 창설 추진 75 | 광복군 창설과 총사령부 구성 79

    광복군 선전활동 전개 84 | 동북지역 독립운동사 집필 88

- 한국광복군 제3지대의 창설과 활동

    전선으로의 이동과 초모 활동 96

    한국광복군훈련반 운영과 광복군 제3지대의 창설 100

- 한국광복군 제3지대의 한미공동작전 수행

    태평양전쟁 발발 후 한미공동작전 모색 109

    한국광복군 제3지대의 한미공동작전 추진 113

- 광복 후 중국 내 활동과 귀국, 그리고 고독한 최후

    일제 패망과 중국에서의 한국 교민 선무 활동 119

    상해와 동북에서의 한국독립당 세력 강화 활동 125

    귀국 후 김구 시해 사건 연루와 억울한 옥살이 132

    김학규의 삶과 자취 137

    참고문헌 140

    찾아보기 143

출생과 만주로의 이주

출생과 기울어져가는 가세

독립전쟁에 일생을 바친 군인 백파白波 김학규金學奎(1900~1967)는 대한제국이 수립된 지 3년 후인 1900년 11월 24일에 평안남도 평원군平原郡 서해면西海面 사산리蛇山里에서 태어났다. 김학규가 태어난 당시는 20세기가 시작되는 때로, 대한제국은 바야흐로 일제의 식민지로 전락해가고 있었다. 그러므로 김학규는 태어날 때부터 항일과 독립이라는 과제를 안고 있었다고 할 수 있다.

김학규의 고향인 평원은 평안남도의 서북부에 있는 지역이다. 당시 평원은 행정구역상으로 숙천군肅川郡이었으므로, 서해면 사산리는 숙천군에 속해 있었다. 1895년(고종 32)에 전국의 군과 현을 군으로 개편할 때 영유, 순안, 숙천이 각각 군으로 되었다가, 1914년에 이 세 군이 합해져서 평원군이 되었다. 평원군은 동쪽으로는 순천군, 남쪽으로는 대동군과 강서군, 북쪽으로는 안주군과 접해 있었으며, 서쪽으로는 황해에 면해 있었다. 평원은 개신교의 활동이 비교적 활발한 곳이었다. 특히 이 지역은 안식교가 진출하여 의명학교義明學校와 순안병원을 설립하여 교육 및 의료 사업에 힘쓰던 곳이기도 하였다.

김학규는 전형적인 평안도 사람의 기질을 가지고 태어났다. 평안도는 조선 왕조 오백년 동안 지속된 오랜 정치적 차별의 결과로 양반 사족士族의 존재가 미미한 지방이었다. 따라서 신분이나 가문에 따른 차별이 크지 않았고, 주민들 사이에는 일찍부터 평민적 질서가 발달해 있었다. 양반 사족 중심의 사회 질서와 문화로부터 오랜 시간 동안 겪은 차별과 소외는 역설적으로 평안도가 다른 지방에 앞서 신문명을 받아들이는 데 유리한 조건으로 작용하였다.

그 결과 개항 통상 이후 기독교의 수용과 신교육의 실시, 새로운 사회운동의 전개 등이 모두 평안도 인사들에 의해 수도되기에 이르렀다. 성리학적 질서의 붕괴와 새로운 사회체제의 수립을 갈망하던 평안도민들은 기독교를 수용하여 문명개화를 추구하였다. 평안도에서 기독교는 단순한 종교가 아니라 서양, 특히 미국의 문명과 동의어로 인식되었던 것이다. 그리하여 평안도에서는 1894년 청일전쟁 발발 직후부터 일제 강점기 내내 장로교를 중심으로 한 한국 기독교의 최대 중심지를 형성해 왔다. 서구 문명에 대한 평안도의 긍정적이며 적극적인 분위기는 나중에 김학규가 기독교를 수용하는 정신적 배경이 되기도 하였다.

김학규가 태어난 곳은 평안남도의 서쪽 해안 평야 지대에 위치한 한

말을 타고 있는 김학규

농촌이었다. 그의 기억에 따르면, 사산리는 비록 큰 마을은 아니었지만 풍경이 미려한 곳으로, 특히 아침에 산으로 기어오르는 선명한 아침 햇살, 저녁에 해변 수평선으로 떨어지는 낙조가 아름다웠다.

김학규의 본관은 안동安東이며, 호는 동이東耳, 백파白波이다. 독립운동 시기에는 동이라는 호를 많이 사용하였으며, 광복 이후에는 백파라는 호를 많이 사용하였던 것으로 보인다. 동이라는 호는 자신이 말을 많이 하기보다는 다른 사람의 말을 많이 듣고, 또한 말을 앞세우기보다는 실천을 더 중시하겠다는 뜻에서 지은 것으로 보인다.

김학규는 4남 2녀 중 셋째아들로 태어났다. 부친 김기섭金基燮은 김학규가 태어날 당시에 이미 50세라는 적지 않은 나이였다. 모친은 35세로 김학규의 아버지에 비해서 아직 젊은 나이였다. 그의 아버지는 의사였는데, 그 사실로 보아 김학규의 집안은 중산층에 속한 것으로 보인다. 이 점은 유년 시절을 비교적 넉넉하게 보냈다고 하는 김학규의 회고를 통해서도 알 수 있다. 중산층 집안에서 태어나 성장할 수 있었던 환경은 김학규가 신문명에 접촉하여 비교적 이른 시기에 기독교를 수용하는 데에 바탕이 된다고 볼 수 있다.

그러나 김학규의 유복한 어린 시절은 그리 오래가지 못하였다. 그가 6세이던 1905년에 아버지가 55세의 나이로 사망하였던 것이다. 부친이 타계한 후에는 마땅한 생계 수단을 찾을 수 없어 김학규와 가족들은 고향에서 가난하게 생활할 수밖에 없었다. 당시 20세였던 장형이 호주가 되었으나, 가세는 갈수록 기울어져 갔다.

이갑의 영향과 서간도 이주

어린 시절 김학규는 조국이 일제의 식민지로 전락해가는 광경을 목격하였다. 19세기 말 한국은 일본 제국주의의 침략을 받았고, 1905년 을사늑약으로 반식민지 상태에 놓였다. 이를 극복하기 위한 노력이 의병전쟁과 계몽운동으로 나타났다. 그러나 그러한 구국운동에도 불구하고 반식민지 상태를 극복하지 못한 채, 1910년 한국은 일제에게 국토와 주권을 완전히 빼앗기고 말았다.

1910년, 일제의 국권 침탈에 즈음하여 김학규의 집안은 만주로 건너갔다. 김학규가 11세의 어린 나이에 만주로 가고, 훗날 독립운동에 뛰어들게 된 데에는 동향의 저명한 독립운동가였던 추정秋汀 이갑李甲의 영향이 컸다. 김학규에게 이갑은 롤 모델과도 같은 존재였다.

이갑은 김학규가 태어난 마을인 평안남도 숙천군 서해면 사산리에서 1877년에 태어났다. 그의 본관은 진주晉州이며, 본명은 휘선彙璿, 호는 추정秋汀이다. '갑'이라는 이름은 일본 유학 시절에 군인을 지망할 당시에 개명한 것이다. 그는 11세에 식년진사에 급제하였으며, 어머니의 영향으로 기독교적 환경에서 성장하였는데, 상동교회尙洞教會 및 상동청년회 활동을 통해 독립운동의 주요 인사들과 교유하였다. 1896년에는 독립협회에 가입, 만민공동회의 간부로 활동하면서 자강의식과 함께 정치의식에 눈을 뜨게 되었다. 독립협회 해산 후에는 일본으로 건너가 1903년 11월에 일본 육군사관학교를 졸업하였다. 그는 이러한 과정 속에서 점차 강대해지는 일본의 영향력을 느끼고 구국의 방안을 모색하기 시작하였다.

1905년 을사늑약 체결 이후 이갑은 상동청년회의 애국지사들과 소통하며 애국계몽운동 단체에 적극적으로 참여하였다. 그는 자신의 재산을 털어 서북학회西北學會 조직을 확산하고 오성학교五星學校를 건립하였으며, 훗날 협성학교協成學校 건축 비용을 대기도 하였다. 또, 안창호安昌浩가 주도하여 결성한 비밀결사 신민회新民會에 다른 군인 출신 애국지사들과 함께 참여하였다.

이갑

1907년 군부 교육국 교무과장에 보임되었을 무렵, 이갑은 헤이그특사 사건으로 광무황제가 강제 퇴위되자 황제폐위 반대투쟁을 전개하였다. 마침내 일제가 대한제국 군대를 해산시키고 군권까지 장악하자, 이갑은 군부를 박차고 나와 일본 육사 출신의 군인이었던 유농열柳東說, 김희선金羲善, 노백린盧伯麟 등과 함께 대한제국 군대를 부활시키고자 노력하였다. 그러나 더 이상 국내에서의 국권회복운동이 불가능하다고 판단하고 신민회 인사들과 함께 망명을 결심하였다.

1910년에 신민회 인사들과 함께 망명을 단행한 이갑은 독립운동 방략을 논의한 후, 러시아 지역의 기지개척사업을 진행하였다. 블라디보스토크에서 강제 병합 소식을 들은 이갑은 러시아 외교관이나 정치가들과 교류하며 국제 정세를 파악하고 언론 활동을 전개하였다. 또, 상트페테르부르크에 한인 청년양성소를 설립하는 등 해외 독립운동 기지개척

출생과 만주로의 이주 13

에 혼신의 힘을 다하였다.

이갑은 대한인국민회 시베리아 지방총회 본부가 있는 치타로 돌아와 제2대 총회장으로 임명되었다. 동포사회의 열렬한 환영과 지지를 받았으나 이갑의 병은 더욱 악화되어 갔다. 요양을 위해 블라디보스토크로 옮겨간 후에도 이갑은 이동휘李東輝와 함께 광복군정부를 구상하며 분열된 동포사회를 하나로 결속시키고, 제2의 러일전쟁에 대비한 전선도 갖추어나갔다. 재러 한인동포사회에서는 의연금 모금 운동을 전개하는 등 이갑의 활동에 대한 성원을 아끼지 않았다. 동포사회의 열망에도 불구하고 끝내 건강을 회복하지 못한 그는 1917년 6월 13일 니콜스크에서 41세의 나이로 운명하였다. 동향인 이갑의 구국과 항일 활동 경력은 어린 김학규에게 깊은 인상을 심어주기에 충분하였다.

황무지 개척과 주경야독

1911년 12월에 김학규의 집안은 만주 통화현通化縣 이미二密라는 황무지 산골에 정착하였다. 이미는 오늘날 통화시 서쪽에 있는 이미진으로, 김학규가 훗날 조선혁명군 참모장으로 활동하던 흥경興京, 유하현柳河縣 등과 경계를 이루는 지역이었다. 통화 합니하哈泥河는 후일 김학규가 독립군으로 활동하는 데 필요한 군사 지식을 배양하였던 신흥무관학교가 있던 곳이기도 하였다. 당시 이 지역은 동변도東邊道 지역으로 불리었는데, 대략 서간도 지역에 해당하는 곳이다. 이 지역에는 1900년대 이전부터 지리적으로 가까운 평안도 사람들이 대거 이주하여 정착해 있었다. 예를 들어, 동변도 지역을 거점으로 활동하였던 조선혁명군 중앙 간부의 본적지를 보면, 평안도 출신이 압도적으로 많았다고 한다. 출신 지역 분포에서 평안도 사람들의 강한 혈연적·지연적 연대관계를 확인할 수 있다. 또, 농업이 위주였던 동변도 일대에는 아직 자본주의화가 이루어지지 않았기에 이 지역에 정착한 한인들은 자본주의 시장경제체제에 편입된 북간도 지역의 한인들에 비해 투철한 민족의식과 반일의식을 가지고 있었다. 따라서 이곳은 민족주의 계열의 조선혁명군이 1930년대 후반까지 활동하는 기반을 제공하여 주었다.

  김학규의 집안이 평안도 사람들이 많이 이주하여 정착한 동변도 지역으로 이주한 것도 자연스러운 일이었다고 하겠다. 통화 이미에 정착한 어린 나이의 김학규는 가족을 도와 도끼와 호미로 산지를 개간하고, 옥수수와 대두를 경작하며 생계를 유지하였다. 그는 학교에 가서 학업에 열중해야 할 어린 나이였지만, 어른처럼 일하지 않으면 안 되었다. 그는 매일같이 산에 올라가 도끼로 나무를 찍어 넘기고, 호미로 밭을 갈았다. 그의 가족들은 황무지를 개간하는 데 각고의 노력을 쏟아부으며 근면한 생활을 했고, 그 덕분에 가난했던 집안은 점점 윤택해져갔다. 그리하여 1919년경에는 한 해의 농사 수확고가 천여 석에 달하게 되어 부자 소리를 듣게 되었다고 한다.

  이 무렵에 김학규는 기독교를 독실하게 신앙하였다. 물론 그가 처음으로 기독교를 접한 것은 자신이 태어난 평안도 평원에서였을 것이다. 만주로 이주한 후, 기독교에 대한 그의 신앙심은 더욱 깊어진 것으로 보인다. 그는 예수를 진실히 신앙하여 아무리 분주한 때라도 매주 예배일이 돌아오면 만사를 제치고 교회에 가서 예배를 드렸다. 그는 기독교를 통해 서구, 특히 미국의 위인들을 존경하였는데, 그중에서도 미국 대통령을 지냈던 링컨을 존경하였다. 김학규는 링컨이 시골에서 태어나 가난한 어린 시절을 보냈지만, 주경야독하고 모든 일에 거짓 없이 성실하게 행동하였기에 결국에는 위인이 될 수 있었다고 생각하였다.

 김학규 역시 열악한 환경 속에서도 꾸준히 주경야독하는 생활을 하였다. 학교에 다니지는 못하였지만, 자학으로 기초적인 지식을 깨우쳤다. 이와 같은 각고면려의 인생관과 기독교 신앙은 김학규의 인생을 통해 일관된 인생 지침으로 작용하였다. 나아가 그의 독실한 기독교 신앙은 1930년대 그가 만주에서 독립전쟁을 전개하는 동안 한인 공산주의자들에 대한 강경한 반공적 태도를 취하는 배경이 되기도 하였다.

신흥무관학교 수학과
초기 독립운동

1910년대 서간도 독립운동

1910년 일제의 강제병합 직후에 이시영李始榮, 이동녕李東寧, 김동삼金東三 등 신민회 간부들은 국외 독립운동 기지를 건설하기 위해 서간도로 이주하기 시작하였다. 서간도에서 신민회 간부들은 장차의 항일 독립운동에 대한 방략과 재만 한인의 교육, 산업, 권리 등의 문제에 관해 여러 차례 논의하였다. 그 결과 1911년 늦봄 유하현 삼원포 고산자孤山子에서 노천 군중대회를 거쳐 경학사耕學社를 조직하기에 이르렀다. 경학사를 이끌어갈 초대 사장에는 안동 출신의 혁신 유림 이상룡李相龍이 추대되었다.

경학사는 서간도 지역에서 신민회 계열 민족운동 세력이 최초로 공화적 민족주의에 입각하여 결성한 독립운동 단체로, 서간도 독립운동의 효시였다. 그러나 경학사는 이후의 부민단扶民團이나 한족회韓族會처럼

경학사가 설립되었던 유하현 대고산

처음부터 일정한 지역에 거주하는 이주민 모두를 대상으로 하여 조직된 주민자치기관은 아니었다. 서간도 이주 한인들을 위해 농업 등의 실업과 교육을 장려하고, 군사훈련을 시키기 위해서 뜻을 같이 하는 동지들이 만든 결사라는 성격이 강하였다.

경학사의 활동 지역은 엄연히 다른 나라 땅인 서간도였다. 따라서 이곳에는 중국의 법률적 지배가 존재하고 있었고, 이 때문에 처음부터 어려운 문제를 안고 시작할 수밖에 없었다. 그중에서 가장 시급한 문제는 단체를 운영하기 위한 경제적 문제였다. 이를 해결하기 위해 경학사와 신흥무관학교에서는 병농제兵農制를 실시하여 근로와 군사교육을 병행하였다.

부민단이 설립되었던 통화현 합니하

그 후 여러 차례의 천재지변과 풍토병 때문에 경학사가 제 구실을 못하게 되자, 민족운동 지도자들은 유하현 삼원포에서 남쪽으로 약 90리 떨어진 통화현 합니하로 활동의 근거지를 이전하였다. 1915년 말경 이곳에서 경학사의 정신을 이어받은 제2대 자치단체 부민단을 조직하였다. '부민단'은 "부여 강토에서 부여 유민이 부흥 기지를 세운다"라는 뜻을 담고 있던 조직이었다. 본부에는 서무, 법무, 학무, 재무 등의 부서를 두었으며, 총장이 이를 총괄하게 하였다. 초대 총장은 허혁許赫이 맡았다가 그의 뒤를 이어 이상룡이 총장이 되었다. 부민단은 경학사와 달리 합니하에 중앙 기관을 설치하고, 여기저기 흩어져 거주하는 한인들을 총괄적으로 지도하기 위한 지방 조직도 만들었다.

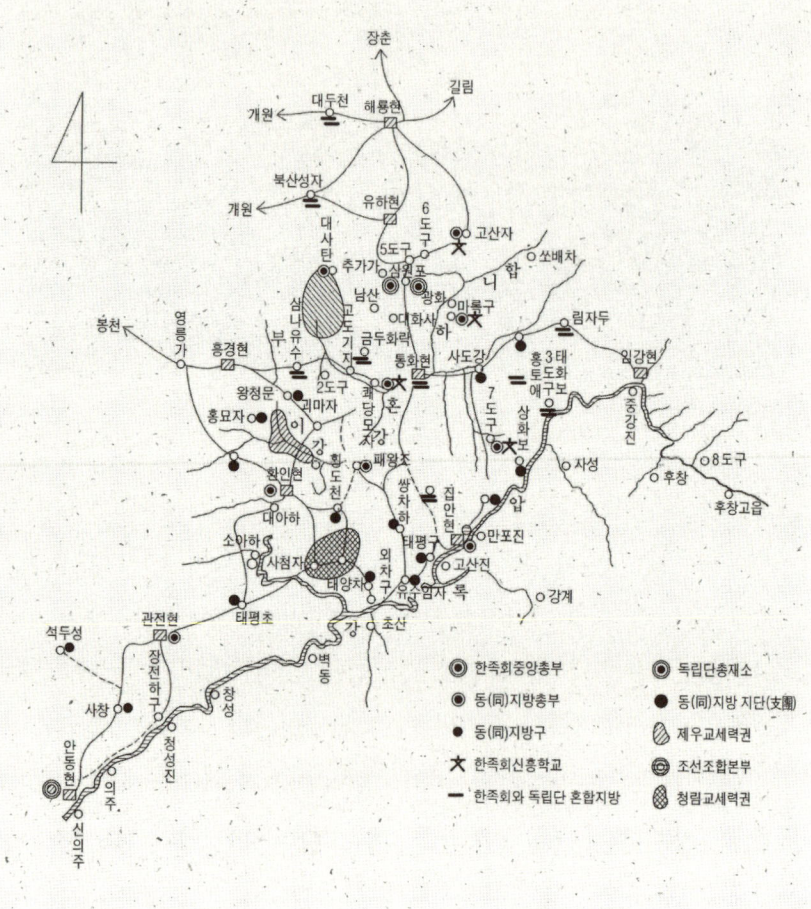

서간도 독립운동 중심지 지도

부민단은 6천 명 이상의 서간도 한인들을 관장하여 자치를 하면서 그들을 보호하고 부조하였다. 행정 사무를 담당하였을 뿐만 아니라 중국인과 관계된 사건에도 개입하여 중국 관민으로부터 한인들의 권리를 지키는 등 상호간에 발생한 사고에 대한 사법 처리까지도 담당한 명실상부한 자치기관이었다. 더불어 부민단의 주요 사업 가운데 하나는 고국에서 이주해 오는 동포를 맞이하여 정착시키는 일이었다. 이주민들이 오면 이들을 안내하여 현지 중국인과 농경지나 토지 개간 조건 등을 교섭하고, 집을 배당하는 등 그들의 정착을 도왔다.

3·1운동 직후인 1919년 4월 초에 부민단은 한족회로 재탄생하였다. 국내외 각처에서 3·1운동이 일어나자 서간도에서는 이를 천재일우의 기회로 판단하여 독립선전과 자금 모집에 총력을 기울였다. 서간도의 한인들은 곧 독립이 달성될 것이라 믿고 4월 상순까지 만세 고창, 축연 개최 등을 이어갔다. 이 같이 고조된 정세 하에서 서간도 지역 지도자들과 각 단체 대표들이 삼원포에 모여 협의한 결과, 각 단체를 해체하고 하나의 대단위 단체를 만든 뒤, 그 단체를 중심으로 서간도 독립운동 기지를 이끌어가기로 하였다. 그리하여 조직된 것이 한족회였다.

한족회는 서간도의 유하, 통화, 집안, 흥경 등으로 이주한 한인 1만여 호(약 6만 명)를 토대로 하여 구성되었다. 한족회는 중앙 조직과 지방 조직을 두고 중앙에는 총장을, 지방에는 총관을 임명하였다. 중앙 조직은 서무, 외무, 법무, 학무, 재무, 군무 등으로 나누어 효율적으로 운영하고자 하였다. 이후 본부를 합니하에서 다시 삼원포로 이전하였다.

3·1운동으로 고양된 분위기 속에서 한족회는 중국 당국의 묵인 하에

많은 활동을 하였다. 군사훈련, 무기 구입, 자금 조달 등에 힘쓰면서 기관지 『한족신보韓族新報』와 『신흥학우보新興學友報』 등을 발간하고 배포하여 사상선전, 지식계발, 문화향상 등에 진력하여 대중으로부터 큰 환영을 받았다.

한족회는 일종의 임시정부인 군정부軍政府를 조직하였다. 3·1운동으로 열기가 고조됨에 따라 서간도를 근거지로 하여 해외 독립운동 단체를 대표하는 임시정부를 수립하려고 하였던 것이다. 하지만 국내의 한성정부, 상해의 임시정부, 연해주의 대한국민의회 등이 속속 수립되면서 한족회가 서간도에 망명정부를 표방하려던 계획에는 차질이 생겼다. 뒤에서 볼 수 있듯이, 상해 임시정부와 교섭하는 과정에서 임시정부는 상해에, 독립군을 지휘할 군정부는 서간도에 두기로 합의하였다. 이에 서간도의 군정부는 이름을 서로군정서로 바꾸고, 상해 임시정부로의 편입을 결정하였다. 이로써 서로군정서는 북간도의 북로군정서와 마찬가지로 임시정부 산하에서 독립전쟁을 수행하는 역할을 담당하게 되었다.

3·1운동에 참여하여 국내 진입 시도

그즈음 김학규는 서간도의 독립운동에 모습을 드러냈다. 1919년 그의 나이 20세였다. 1919년 3월 1일 고국에서는 한민족의 거족적인 3·1운동이 발발하였다. 3·1운동의 도도한 물결은 서간도에도 밀어닥쳤다. 경학사, 부민단의 독립운동의 세례를 받은 김학규는 서간도에서 벌어진 3·1운동 시위에 적극적으로 참여하였다. 김학규가 거주하던 통화 인근의 유하현 삼원포는 서간도 지역에서 3·1운동이 가장 먼저 일어난 곳이다. 3월 12일에는 기독교 신자들을 중심으로 한 200여 명의 한인들이 유하현 서문 밖 교회에 모여 독립선언 경축대회를 열고 대한독립만세를 고창하였다. 또, 같은 날 삼원포 대사탄大沙灘의 보흥학교普興學校에서는 학생들을 중심으로 주민 500여 명이 모여 대한독립만세를 부르고 독립선언 축하식을 성대히 거행하였다. 3월 19일에는 은양학교恩養學校, 삼성여학교三成女學校 학생들과 교민 220명이, 3월 21일에는 보흥학교 학생 300명이 시위에 참가하였다.

당시 삼원포 지역은 독립운동의 주요 근거지였으므로 일제는 그 어느 지역보다 경계하였다. 따라서 일제는 삼원포에서 시위운동이 일어나자 중국 관헌들을 앞세워 온갖 방해공작을 펼쳤다. 이에 한인 지도부에서는 대중 동원을 자제하는 대신, 재만 한인사회 곳곳에서 독립 만세운동이 일어날 수 있도록 하는 데에 힘썼다. 따라서 시위운동의 중추 역할을 하던 부민단에서는 간부와 단원들을 총동원하여 유하, 동화, 환인, 만석, 집안, 흥경 등 서간도 각 지역에 조직된 지회와 분회를 통해 독립 만세운동을 주도하였다.

한편 통화현에서도 유하현 삼원포와 같은 날, 즉 3월 12일에 만세운동이 일어났다. 통화현 금두화락金斗伙洛에서는 기독교 신자들과 한인청년회 회원 등 한인교포 300여 명이 금두화락 교회에 집결하여 태극기를 앞세우고 대한독립만세를 외치며 시위운동을 벌였다. 그리고 친일배 계성주桂成柱를 포박하여 논죄한 후 처단하였다. 한인청년회 회원 400여 명은 한인교포들로부터 독립운동 자금을 모금하는 등 다방면으로 노력하였고, 이들을 중심으로 통화 지역의 만세 시위운동은 3월 20일까지 계속되었다. 이 지역의 만세 시위운동은 3월 하순부터는 단순 시위를 넘어서서 무장투쟁 준비, 친일파 처벌 등의 강경 행동으로 변모하였다. 4월에 들어서는 금두화락과 쾌당모자快當帽子의 부민단원들이 군자금을 모집하여 총기를 구입하고 군사훈련을 개시하기도 하였다.

특기할 것은 이때 김학규와 같은 젊은 사람들이 압록강을 건너 국내 진입을 시도하였다는 점이다. 3월 17일에 삼원포의 각 학교 학생들과 부민단 단원 등 운집한 1천여 명의 군중은 국내로 들어가서 시위운동을 단행하려고 시도하였다. 김학규를 비롯한 젊은 한인들은 조국 땅에 들어가 일제에 대항하여 피를 흘리기로 서로 굳게 약속하고, 손가락을 칼로 베어 피를 내어 "나는 조국의 독립을 위하여 목숨을 바치겠다"라는 혈서를 썼다. 이윽고 그들은 결사대를 조직하고 압록강을 향하여 출발하였다. 하루 정도 행군하였을 즈음에 한족회 중앙으로부터 행군 정지 명령이 전달되었다. 공연히 청년의 혈기만 갖고 아무 준비도 없이 적수공권赤手空拳으로 일제에게 달려들면 다만 희생만 있을 뿐 어떤 가치도 없는 무모한 일이라는 이유에서였다. 한족회 영수 이시영은 "독립전쟁에 총력을 바치기 위해 지금의 일시적 기분은 자제하라"라고 권고하였다. 또한 이상룡도 "실력이 완성되지 못하였는데 지레 망동하는 것은 옳지 못하다"라며 반대하였다고 한다. 이와 같이 이시영, 이상룡 등 한족회 지도부에서는 비교적 장기적 전망을 갖추고, 신흥무관학교 등을 통해 무장 독립투쟁을 할 수 있는 역량을 마련하는 것이 중요하다고 판단하고 있었다.

신흥무관학교에 입교하여 수학

김학규를 포함한 청년 학생들은 한족회 중앙의 명령을 받고 부득이 귀환하지 않을 수 없었다. 집으로 돌아온 김학규는 한층 더 장기적인 독립전쟁을 준비하기 위해 군사훈련을 받기로 결심하였다. 당시 김학규가 살던 인근의 통화현 합니하와 유하현 고산자에는 독립전쟁을 위한 군사간부를 양성하는 무관학교가 있었다. 그 학교가 바로 신흥무관학교였다.

이렇게 3·1운동 직후에 김학규는 신흥무관학교에 입학하여 군사훈련을 받았다. 그가 신흥무관학교에서 수학한 과정은 6개월 기간의 장교 양성반이었다.

김학규가 이미에서 주경야독하는 생활을 하고 있을 무렵에 동변도 일대의 한인사회에서는 독립운동의 근거지를 만들고 있었다. 이시영, 이회영李會榮, 이상룡 등 많은 애국지사들은 일찍부터 만주 통화현 합니하와 유하현 고산자에 들어와 독립군기지를 건설하고 있었다. 서간도 유하현에 기지를 건설하기 시작한 이회영, 이동녕, 이상룡 등은 독립군 양성기관인 신흥무관학교 설립을 위한 개간 사업에 착수하였다. 그리하여 1911년 5월 14일 삼원포 추가가鄒家街에 국권 회복에 나설 청년들의 군사교육을 위한 신흥무관학교가 설립되었다. '신흥新興'이라는 이름은 신민회의 '신新' 자와 다시 일어나는 구국투쟁이라는 의미를 살린 '흥興' 자를 붙인 것이다. 신민회를 강조한 것은 해외 독립운동 기지 설치와 무관학교 창설에 대한 안이 신민회에서 처음 발의되었기 때문이다. 사실 해외의 신흥무관학교는 신민회의 연장선상에 있던 것이었다.

유하현 삼원포 추가가의 신흥무관학교 자리

처음 설립된 당시 신흥무관학교의 대외적인 명칭은 신흥강습소였다. 학교보다 등급이 낮은 강습소라고 이름을 붙인 것은 현지 중국 당국과 일제 관헌의 의혹을 피하기 위해서였다. 비록 대외적 또는 공식적으로는 한 번도 '신흥무관학교'라는 이름을 내세운 적은 없었지만, 독립운동가들이나 학생들은 이 학교를 '신흥무관학교'라고 불렀다. 간혹 '신흥학교'나 '병학교兵學校'라는 명칭이 사용되기도 하였다고 한다.

설립 초창기 신흥무관학교는 현지 중국인들의 비협조로 빈 창고에서 교육을 시작할 수밖에 없었다. 다음해인 1912년 7월, 합니하에 새로운 교사를 신축하여 낙성식을 가졌다. 교실, 강당, 교무실, 그리고 병사兵舍를 갖추었는데, 이로써 신흥강습소는 일정하게 군사훈련을 시키고 중등

교육과정을 가르칠 수 있는 학교로 발전하게 되었다. 비로소 무관학교다운 시설을 갖추게 된 데에는 이회영 등 경학사 지도부의 절대적인 공로가 있었다. 광활한 토지를 매수하여 학교 건물을 세우는 데에는 막대한 경비와 수많은 인력이 소요되었다. 무관학교 건립 비용은 이회영, 이시영 가문의 6형제 가운데 둘째인 이석영李石榮이 소유한 전답 6,000석 토지를 매각하여 충당하였다.

　3·1운동 직후 김학규가 입학할 무렵, 신흥무관학교에서는 커다란 변화가 일어나고 있었다. 3·1운동 전후 고조된 독립운동 열기에 부응하기 위해 조직된 한족회에서 신흥무관학교를 확충하기 시작한 것이다. 독립의 열기가 고조된 분위기였으므로 신흥무관학교에는 청년들이 몰려들고 있었다. 신흥무관학교는 국내에서 탈출해오는 애국 청년들, 재만 동포 청년들, 심지어 과거 의병활동에 참여하였던 노년층까지 몰려들어 성황을 이루었다.

　그런데 신흥무관학교가 있던 합니하는 비록 천혐의 요새이기는 하시만, 지리적으로는 외진 곳이었다. 따라서 한인들이 많이 살고 있고 교통이 편리한 삼원포 고산자 부근으로 본부를 이전한 뒤, 무관학교를 확장하고 군사교육을 대폭 늘리고자 하였다. 그리하여 신흥무관학교 본교를 고산자 부근의 하동河東 대두자로 옮기고, 합니하에 있던 신흥무관학교는 분교로 두었다. 그리고 얼마 후에는 통화현 7도구 쾌대무자快大茂子에도 분교를 두게 되었다.

　고산자로 본교를 옮긴 신흥무관학교는 이전보다도 한층 더 군사교육에 치중하였다. 특히 1919년 여름에는 일본 육군사관학교 출신인 이청

이청천

천李靑天 이 교관으로 오면서 신흥무관학교의 군사교육은 더욱 활기를 띠게 되었다. 이청천이 일본군을 탈출하여 독립운동 진영에 가담한 것은 특히 청년들에게 크나큰 감명을 주었다. 김학규는 이때부터 만주독립군 및 한국광복군의 선배인 이청천과 깊은 인연을 맺게 되었다.

신흥무관학교의 초대 교장에는 신민회 임원이었던 이동녕이 취임하였고, 교감에는 김달이, 학감에는 윤기섭尹琦燮이 임명되었다. 이갑수, 장도순, 김무칠 등이 교사였으며, 김창환, 이장녕, 이관직 등은 군사교육을 담당하는 교관이었다.

교과목으로는 국문, 역사, 지리, 수학, 수신, 외국어, 창가, 박물학, 물리학, 화학, 도화, 체조 등이 있었다. 이 가운데 역사 시간에는 이상룡이 망명을 준비하면서부터 수집한 사료를 토대로 집필한 『대동역사大東歷史』를 교재로 사용하였다. 이 책에서는 한국 역사의 계통을 고조선-부여-고구려-발해 중심으로 체계화시키고, 한민족의 원류를 만주에서 찾았다. 이와 같이 장차 만주에서 전개될 독립운동이 우리 역사의 중심 터전에서 이루어지는 것이며, 역사적으로 당위성을 지녔음을 강조하였다.

한국의용대 활동과 민족학교 교직 생활

1919년 겨울 신흥무관학교를 졸업한 김학규는 한족회의 군사조직인 서로군정서에 들어가 활동하였다. 한족회에서 1919년 대한민국 임시정부의 승인 하에 서로군정서라는 군정부를 조직하였음은 앞에서 언급한 바와 같다. 서로군정서의 첫 사업은 5월 신흥학교를 무관학교로 개편하고, 독립군 간부를 양성하여 독자적인 군부대를 갖추는 것이었다. 동교에서는 하사관반, 장교반, 특별반으로 나누고 하사관반은 3개월, 장교반은 6개월, 특별반은 1개월 동안 교육을 실시하였다.

　신흥무관학교 장교반을 졸업한 김학규는 소위 계급을 받고 서로군정서 한국의용대 소대장으로 활동하였다. 신흥무관학교 졸업생 및 생도, 신흥무관학교 분교 및 지교 졸업생, 한족회 각 지역에서 군사훈련을 받은 군인들로 구성된 의용대와 교성대가 있었는데, 이들 부대는 한족회와 서로군정서 소속이었다. 의용대는 군대였고, 교성대는 주로 생도들로 이루어진 병력이었다.

　의용대의 총지휘관은 대한제국 무관학교 출신의 김창환으로, 그는 초기부터 줄곧 신흥무관학교 교관이자, 합니하 신흥무관학교 분교장을 맡고 있었다. 이상룡은 군정부에 2여(旅)의 의용대가 있었다고 기술한 바 있고, 김학규는 서로군정서가 2개 연대를 두었고 그 아래에 6개 대대가 있었다고 기억한 바 있다. 그러나 2여 또는 2개 연대가 편성되어 있었다고 하더라도 실제로 그것에 상응하는 병력이 있었는지는 불확실하다. 이 군대의 고급 지휘관은 주로 대한제국의 무관학교 출신이거나 일본 또는 중국 등의 외국 무관학교 출신이었다. 초급 간부들은 신흥학우단원이거나 다른 군사학교 출신으로 구성되었으며, 사병들은 18세 이상 40세 이하의 교민들로 구성되었다.

의용대는 만주뿐 아니라 국내 각지에서 군자금을 모집하고, 항일 활동을 하였다. 국내에서 경찰대와 수차례 교전을 벌이고, 주재소나 면사무소 등을 습격하여 친일파를 처단하였다. 그리고 만주에서는 일제 관헌과 싸우며 친일단체 소탕에 앞장섰다. 의용대는 주로 유격활동을 벌였는데, 일본군이 1920년 5월에 중일 합동수색대를 삼원포 등에 보내 학살극을 벌일 때에는 오히려 국내로 들어가 일제 관헌과 기관들을 습격하였다. 의용대는 나중에 서로군정서 등이 통합하여 통군부와 통의부를 조직할 때 그 기간 병력이 되었다.

1920년 가을, 김학규에게는 가족사적으로 엄청난 비극이 일어났다. 일제는 만주 독립군을 토벌한다는 구실로 이른바 '경신토벌'을 자행하였다. 그 과정에서 무수히 많은 한인들이 무참히 학살되었다. 이때 김학규 역시 형제들을 잃는 참극을 겪었다. 김학규 자신도 일제에 의해 학살될 뻔하였으나, 구사일생으로 살아남아 봉천 신민현新民縣으로 피신하였다. 그는 이곳에서 영국인 목사 오멜브나Omelvena의 보호를 받았다. 봉천은 이미 1883년부터 들어온 영국 선교사들의 영향이 미친 곳으로, 그들은 병원과 학교를 세워 전염병 환자 구호와 선교사업을 적극적으로 벌이고 있었다. 김학규는 영국 목사가 경영하는 미션학교인 문회고급중학文會高級中學에 입교하여 1921년부터 1927년까지 6년 동안 중국 문학과 신학문을 배웠다.

김학규가 문회고급중학에서 배운 정통 중국어는 훗날 유용하게 활용되었다. 그는 1940년 임시정부의 국군인 한국광복군이 창설된 후 중경重慶의 국제방송국에서 유창한 중국어로 국내 동포들을 대상으로 명연설을 하였는데, 이것은 문회고급중학 시절에 연마한 중국어 덕분이었다.

1927년에 문회고급중학을 졸업한 김학규는 유하현 삼원포에 소재한 민족학교 동명중학교東明中學校에서 교편생활을 시작하였다. 동명학교는 정의부 소속 민족학교이자 기독교계 학교였다. 당시 서간도 지역에서 교민 자녀를 위하여 설립된 사립학교는 크게 민족계·기독교계·대종교계 등으로 분류할 수 있다. 우선 민족계 사립학교는 신흥학교 졸업생 또는 국내에서 교육구국운동을 전개하다가 망명한 인사들에 의해 설립되었다. 유하현 삼원포에는 삼광학교三光學校·은양학교·삼성여학교·보흥학교 등이 있었으며, 통화현에는 동화학교東華學校·배달학교倍達學校 등이 있었다.

특히 동명학교는 기독교계의 대표적인 사립학교로, 교장은 한경희韓敬熙 목사였다. 평북 용천 출신의 한경희는 서간도 일대에서 명망이 높은 반일민족지사이면서 민족교육가였다. 그는 1914년 5월 15일 평양 장로회 신학교를 졸업한 뒤, 평북장로회의 파견으로 만주 중동선中東線 일대에서 1년간 선교활동을 하였다. 같은 해 10월 유하현 삼원포 대화사大花斜에 예배당을 설립하였다. 1917년부터는 삼원포 지역에 있는 교회 다섯 곳에서 목사로 일하였다. 1919년 국내에서 3·1운동이 전개되자, 삼원포 지역의 만세운동을 주도적으로 전개하였다. 그는 정의부에서 활동하면서 각 마을마다 소학교를 세웠으며, 중등교육을 위하여 흥경현興京縣

왕청문旺淸門에 화흥중학교化興中學校, 유하현 삼원포에 동명중학교, 길림성 화전현 성내城內에 화성의숙華成義塾, 유하현 왕청문에 남만주학원南滿洲學院 등을 설립하기도 하였다. 한경희는 유하현 일대를 돌면서 전도사업을 하는 한편, 반일 민족교육을 전개하였다.

　동명학교에서는 군사교육을 실시하는 등 기독교 정신은 물론 민족의식도 고취하여 많은 독립운동 간부를 양성하였다. 김학규는 한경희 목사의 신앙과 민족교육가적 신념으로부터 많은 영향을 받았을 것으로 보인다. 김학규는 동명학교에서 학생들에게 민족의식을 고취하고 항일의식을 심어주었다. 동명학교 교장도 역임하는 등 1929년 겨울 조선혁명군에 입대할 때까지 김학규는 이 학교에서 인재들을 양성하였다.

만주 조선혁명군에서의
항일무장투쟁

조선혁명군 참모장 활동과 결혼

1920년대 후반 중국 관내關內에서는 여러 민족운동 정당과 단체들 사이에 민족유일당 촉성운동이 선개되었고, 국내에서도 신간회 운동이 활발하게 추진되었다. 이러한 배경에서 만주에서 활동하고 있던 참의부參議府, 정의부正義府, 신민부新民府 등의 독립운동 단체들도 적극적이며 효과적인 대일투쟁을 추구하기 위해 3부를 통합한 민족유일당을 조직하고자 하였다. 그리하여 민족유일당 조직 문제를 토의하기 위한 회의가 1928년 5월 길림성 화전樺甸, 반석현磐石縣 등지에서 정의부를 비롯한 18개 단체 대표들이 회합한 가운데 개최되었다. 이 회의는 유일당을 결성하는 방법론의 차이, 유일당에 대한 참가 단체들의 태도 차이 등으로 결렬되고 말았다.

국민부 본부 자리

    그 후 3부 통합 운동은 전민족유일당협의회와 전민족유일당조직촉성회로 나누어져 서로 다른 조직과 민정 기관을 세우게 되었다. 촉성회 계열은 1928년 12월 하순 길림에서 과도적 임시기관으로서 '혁신의회'를 조직하고, 참의부와 신민부의 해체를 공동으로 선언하였다. 한편 정의부 주류파와 신민부 민정위원회, 참의부 심용준 계열의 협의회 측 인사들은 민족유일독립당 재만책진회에 대항하여 민족유일당조직동맹을 결성하고 통일된 자치정부와 유일당을 구성하고자 하였다. 그리하여 1929년 4월에 새로운 합동기관으로 국민부國民府가 조직되었다.

    국민부는 중앙집행위원회와 그 아래 민사民事·경제·외교·군사·교육·법무·교통 등의 위원회를 두었다. 중앙집행위원장은 현익철玄益哲이었으며, 군사위원장은 이웅李雄이었다. 군사부에는 병무·훈련·경리·군

수·인사과를, 사령부에는 부관·참모·작전·훈련·경리·인사 등의 여러 부서를 두어 업무를 분장하였다. 또, 엄정한 군법의 시행을 위해 군법국軍法局을 두었다.

조선 혁명군 총사령 양세봉

국민부를 지휘하는 조선혁명당은 비록 독립운동자들의 합의에 의해 세워진 민족유일당은 아니었지만, 남만주 일대에서는 유력한 정당이었다. 조선혁명당은 '이당치국以黨治國'의 원칙에 입각하여 국민부와 조선혁명군을 이끌었다. 이 당은 남만주 한인사회의 자치행정기관인 국민부, 그리고 무장조직으로서 군사적 임무를 전담하는 조선혁명군과는 표리일체의 기관으로서, 국민부와 조선혁명군을 영도하게 되었다. 조선혁명군은 남만주의 거의 전 지역에서 치열하고도 끈질긴 대일 항전을 수행하였다. 국민부, 조선혁명당, 조선혁명군은 당·정·군의 체제로서 서로 유기적 관계를 형성하면서 항일독립운동을 전개하였다.

이 시기 김학규는 조선혁명당이 이끌던 국민부와 조선혁명군에 들어가 활동하였다. 1929년 겨울 동명중학교에서의 교편생활을 접은 김학규는 국민부의 중앙 소재지인 흥경현 왕청문으로 가서 활동을 하였다. 김학규는 조선혁명군 총사령 양세봉 장군의 휘하에서 활동하다가 나중에 양세봉 총사령의 참모장으로 활동하였다. 조선혁명군의 참모장으로 양세봉을 보필하면서 대일 항전을 전개하며 맹장으로 이름을 떨쳤다. 조선혁명군은 중국의용군과 연합하여 흥경현 전투, 통화현 쾌대무 전

김학규와 부인 오광심

투, 강전자 전투 등에서 승전고를 울렸다.

그는 이 무렵 독립운동의 평생 동지인 오광심吳光心과 결혼하였다. 오광심은 1910년 3월 15일에 평안북도 선천군 신부면 용건동에서 출생하였다. 어린 시절에 부모를 따라 서간도로 이주한 그는 흥경현 왕청문에 있는 화흥중학化興中學 부설 사범과에 입학하였다. 오광심은 이 학교에 다니면서 남다른 민족의식을 키우게 되었다. 화흥중학은 1927년 정의부에서 설립한 학교로, 학생들에게 철저한 민족주의교육을 시키고 있었다. 1932년에는 새 지도부를 구성하여 왕청문에 총사령부를 둔 조선혁명군이 화흥중학을 관할하게 되었는데, 이때 양세봉은 이 학교를 통화현 강전자로 옮기고 이름도 '속성군관학교'로 바꾸었다. 명예 교장은 양세봉, 교장은 양하산梁荷山, 총대장은 윤일파尹一波, 교관은 한국신韓國信이 맡았다. 재학생은 700여 명으로 한인 학생뿐 아니라 중국인 학생들도 일부 있었다. 이 학교는 1933년 가을까지 운영되다가 일본의 폭격으로 문을 닫았다. 그러나 이 학교를 통해 배출된 군관들은 독립운동에 많은 기여를 하였다.

김학규와 부인 오광심

　오광심은 1929년 화흥학교를 졸업한 뒤 정규 교사가 되었다. 이듬해 인 1930년 통화현 반납배에 있는 초등학교인 배달학교에서 교편을 잡기 시작하였다. 이 학교는 남만주의 한인 자치단체이자 독립운동 기관이었 던 한족회에서 설립한 민족주의 학교였다. 오광심은 다음 해인 1931년 재만 항일운동의 근거지인 유하현 삼원포에 있는 동명중학 부설 여자국 민학교로 옮겨 여학생들의 민족교육에 전념하였다. 동명중학은 김학규 가 교원 혹은 교장으로 있었던 학교였으므로 두 사람은 자연스럽게 알 고 지냈을 것으로 보인다.
　오광심은 교편생활을 함과 동시에 독립운동 단체에도 가입하여 본격 적으로 독립운동에 참여하기 시작하였다. 오광심은 1930년 배달학교에 재직하였을 당시에 이미 조선혁명당에 가입하여 활동하고 있었다. 교편생활과 독립운동을 병행하던 오광심은 1931년 9·18사변으로 정세가 급박하게 돌아가자 김학규가 그랬던 것처럼 교사를 사직하고 오로지 독립운동에만 몰두하였다. 오광심은 조선혁명당 산하 조선혁명군에도 가담하여 조선혁명군 유격대 및 한중연합 항일전에도 참여하였다. 이때에는 주로 지하연락 공작에 종사한 것으로 알려져 있다.

9·18사변과 중국의용군과의 연대 추진

1931년 9·18사변 발발 이후 일본군은 만주를 석권하고, 이듬해인 1932년 괴뢰국가인 만주국滿洲國을 수립하였다. 일제는 만주국을 내세워 남만주 지역의 조선혁명군 및 중국의용군, 만주 동북부 지역의 한국독립군 등 항일 무장단체들에 대한 공격을 강화하였다.

그럼에도 불구하고 남북 만주에서는 광범한 중국인 대중을 기반으로 한 각종 항일투쟁 세력의 반만 항일운동이 격화되었다. 1931년 9·18사변 이후 고이허高而虛를 비롯한 양세봉 등의 주요 간부들은 조선혁명당과 군, 그리고 국민부의 조직 재정비에 착수하였다. 고이허는 국민부 중앙집행위원장을 맡고, 조선혁명당 중앙집행위원장을 겸하였다. 조선혁명군 총사령은 양세봉이 맡아 당·정·군의 조직을 재건하면서 항일무장투쟁을 전개하여 갔다.

한편 1931년 9·18사변 이후 한중 합작 방면에서도 큰 진전이 있었다. 특히 1932년 3월 일제의 괴뢰국가인 만주국이 수립되자, 중국 동북 각지에서는 구 동북군벌계의 중국의용군은 물론 마적, 대도회大刀會, 홍창회紅槍會 등 종교집단 계통의 각종 항일부대까지 대거 봉기하는 국면을 맞이하였다. 조선혁명군 간부들은 이러한 기회를 맞이하여 중국의용군과 공동투쟁의 방략을 적극적으로 강구하였다.

조선혁명군은 중국 측 항일의용군과도 밀접한 관계를 유지하면서 연합전선을 구축하였다. 중국 동북에서 활동하던 민족운동가들은 한국이 일제에 병탄된 뒤 지속적으로 만주의 군벌과 국민당 정권에 한중 연합 항전을 호소하였다. 실제로 1931년 6월경 국민부 김이대金履大 등은 중국 길림성 당국자와 접촉하여 공산당 소탕과 조선혁명 지원, 일제 구축 및 주구 기관과 주구배 파괴·박멸 등을 밀약한 바 있었다. 또 비슷한 시기에 조선혁명당 중앙집행위원장 겸 군총사령 현익철은 길림에 가서 '동북한교정세 일반東北韓僑情勢一般'과 '중한민족 합작의견서'를 제출하여 한중 연합투쟁을 제의해오던 터였다.

조선혁명군이 요녕농민자위단遼寧農民自衛團의 일원으로 투쟁하고 있을 때 북경에서 결성된 동북항일민중구국회에서는 만주의 항일투쟁을 촉진하기 위해 환인현에 주둔하고 있던 구 동북군부대 지휘관 당취오唐聚五 등 동북정권 관련자들에게 밀사를 파견하여 봉기를 촉구하였다. 특히 9·18사변 직후 관내로 피신하였던 중국국민당의 동북군 수뇌 장학량張學良은 항일의지가 굳은 당취오를 방어군 단장으로 임명하고 적극 후원하였다. 이리하여 국민당 특파원 왕육문王育文, 이춘윤李春潤, 왕봉각王鳳閣 등 유력자들과 동변도 10개현 대표 30여 명이 3월 21일 환인현에 모여 요녕민중구국회遼寧民衆救國會를 조직하게 되었다. 이 조직 아래에는 정치 및 군사의 두 개 위원회가 있었다. 군사위원회 아래 요녕민중자위군 총사령부를 두었고, 당취오가 군사위원회 위원장 및 총사령을 겸직하였다. 이때 신빈 동대영東大營에 주둔하고 있던 구 동북군의 영장 이춘윤이 군사위원회 위원 겸 제6로군 총사령이 되었다.

1932년 3월 초 조선혁명군 총사령 양세봉은 평소에 친교가 두텁던 중국인 왕동헌王彤軒과 양석복梁錫福 등 대도회 세력이 이끄는 의용군과 연대하여 공동투쟁을 하기로 합의하였다. 그리하여 같은 달 6일 조선혁명군은 이들과 함께 요녕민중자위단이라는 한중연합 의용군을 조직하여 남만의 유하현 사포항四鋪坑에서 선포식을 거행하고, 연합군의 봉기를 내외에 천명하였다. 이때 사령관은 왕동헌, 부사령관은 양세봉이 맡았는데, 전체 병력은 2,000여 명이나 되었다. 이달 10일 조선혁명군은 요녕농민자위단 부대와 함께 근거지인 왕청문에서 한중연합 항일투쟁의 첫 출정을 단행하였다.

같은 해 4월 25일 환인현 사범학교 교정에서는 만여 명의 군민이 모여 요녕민중항일자위군의 항일서사대회抗日誓師大會가 개최되었다. 일찍부터 북평의 항일구국회와 연계하여 요녕민중구국위원회와 요녕민중반일자위군을 조직한 당취오는 국제연맹 조사단 리튼 등이 요녕으로 오는 기회를 이용하여 동북인민들의 항일 기세를 시위하기 위하여 이 서사대회를 개최하였다. 대회에는 수백 명의 한인들도 참가하였다. 회의에서 요녕민중항일자위군의 성립 및 군기 수여식이 있었으며, 총사령 당취오가 취임 선서에서 '살적토역구국애민殺敵討逆救國愛民'이라고 혈서를 씀으로써 전체 군민을 격동시켰다.

이 선서식에는 김학규와 박경평朴慶平이 한인 대표로 참석하였다. 박경평이 누구인지는 확인되지 않고 있다. 한인 대표로 참석한 김학규는 한중 민중들의 항일의식을 고취하는 연설을 하여 참석한 군중들에게 깊은 감명을 주었다. 선서식이 끝난 후 요녕민중자위군은 모두 33개 로군으로 편성되었다. 그 중 흥경 경내에는 이춘윤의 제6로군, 왕동헌의 제10로군, 양희부의 제11로군 등 3개 로군이 편성되었다. 특히 왕동헌의 제10로군은 실제로는 양세봉이 이끄는 조선혁명군이 중심이었다.

중국의용군 당취오 부대와 연합하여 항일전쟁 추진

며칠 후인 4월 29일 김학규는 조선혁명군 참모장의 자격으로 환인성에 소재한 당취오군 사령부를 방문하였다. 김학규는 당취오와 면담하였는데, 앞으로 양측이 긴밀한 군사관계를 유지하여 한중연합으로 항일무장투쟁을 전개하기로 결의하는 동시에 대일 작전에 관한 협정을 체결하였다.

김학규는 당취오와의 면담 자리에서 상해의 윤봉길尹奉吉 의사 소식을 들었다. 김학규와 당취오 두 사람이 한중 두 나라 군대의 합작문제를 본격적으로 논의하기 시작할 무렵, 라디오에서는 남경중앙방송국의 급박한 보도가 흘러나왔다. 즉, "오늘 오전 11시 반, 상해에서 대규모 폭발사건이 발생하였다. 오늘은 일황의 생일인 천장절이다. 이를 기념하기 위해 상해에 주둔 중인 일본 육해군의 수뇌부와 정부기관의 대표 및 교민 수만 명이 홍구공원에 집결하여 경축의식을 거행하였다. 그들이 일본 국가를 합창할 무렵 한국 청년 윤봉길이 돌연 군중 속에서 뛰쳐나와 사령대를 향해 폭탄을 투척하였다. 거대한 폭발음과 함께 폭탄이 터지

요녕민중자위군 총사령 당취오

고 사령대 위에 있던 시라가와白川, 시게미츠重光, 마에다植田, 노무라野村 등 주요 인사들이 모두 고꾸라졌다. 중상을 입은 시라가와 대장은 생명이 위독한 것으로 알려지고 있다. 상해 일본거류민장 가와바타河端는 현장에서 즉사하였으며, 사령대 위에 있던 나머지 인사들도 모두 중경상을 입었다"라는 내용의 방송이었다.

　　방송을 듣고 난 당취오는 만면에 웃음을 지으며 자리에서 일어나더니 김학규의 손을 굳게 잡고, "오늘 저녁은 너무나 흥분된 마음을 감출 수 없습니다. 조국을 위해 희생을 마다하지 않는 한국 동지들의 용감한 정신에 감복하지 않을 수 없습니다. 이전에 하얼빈역에서 이토히로부미伊藤博文을 저격한 안중근安重根 의사도 한국 사람이 아닙니까? 우리 부대의 모든 동지들을 대표代하여 윤봉길 의사의 쾌거가 성공한 것을 축하드립니다. 아울러 東耳(김학규의 호) 동지께도 축하의 말씀을 드립니다"라고 높이 평가하며 인사를 아끼지 않았다.

　　김학규는 흥분된 감정을 감추고 겸손한 어조로 "당 동지, 너무 칭찬의 말씀만 해 주시니 부끄럽습니다. 오늘 일은 조국을 위해 희생을 마다하지 않는 수많은 한국 청년 가운데 한 사람이 이룬 장거에 불과합니다. 한국혁명의 투쟁과정에서 이런 일은 수시로 일어나고 있습니다. 성공을 축하할 만큼 특별한 일도 아닙니다! 한국혁명의 진정한 성공은 중국 군민과 우리 조선혁명군이 진정으로 연합하여 왜노들을 압록강과 현해탄

밖으로 몰아내어 동북의 산하를 수복하고 한국이 다시 독립을 이룰 때 비로소 완성되는 것입니다. 축하의 말은 그때 들어도 늦지 않을 것입니다!"라고 화답하였다. 이에 따라 김학규와 당취오 두 사람의 한중연합 항일에 대한 협의가 순조롭게 이어져 다음과 같은 협정이 체결되었다.

① 동변도(압록강 건너편과 남만주 남쪽 일대, 즉 당취오 관할지)에서 조선혁명군의 활동을 정식으로 승인할 것.
② 당취오군 관할 내에 예속하는 각급 관공서와 민중이 조선혁명군의 활동에 관한 일체에 대하여 적극 원조해 줄 것을 당취오군 사령부에서 지시할 것.
③ 조선혁명군의 군량 및 장비는 중국 당국에서 공급할 것.
④ 일본군을 향하여 작전할 때 쌍방이 호응 원조함으로써 작전의 임무를 완성할 것.
⑤ 조선혁명군이 일단 압록강을 건너 한국 본토 작전을 전개할 때 중국군은 그 전력을 기울여 한국 독립전쟁을 원조할 것.

위의 협정에 따라 조선혁명군은 중국 측으로부터 남만주 일대에서의 활동에 대한 승인을 얻게 되었으며, 군량 및 장비까지도 중국 당국에서 지원받는다는 약속을 얻어내었다. 실례로 조선혁명군은 연합투쟁한 중국측 요녕민중자위군의 총사령 당취오로부터 매월 9,000원씩 도합 3만 원 가량의 군자금을 지원받아 항일투쟁의 재원으로 활용하였다.

더 나아가 협정의 제5항, 즉 조선혁명군이 압록강을 건너 한국 본토

현재 시가지로 변한 영릉가 전적지 모습

작전을 전개할 때도 중국 측의 도움을 받기로 하였다는 점을 주목하여 볼 필요가 있다. 이것은 조선혁명군이 남만주 일대에서의 항일뿐만 아니라 국내 진입작전을 염두에 두고 작전을 수행하였던 것으로 보이기 때문이다.

이후 조선혁명군은 1932년 4월에 흥경현 영릉가永陵街를 공격하여 점령하면서 80여 명의 일본군과 만주국군을 섬멸하였다. 이후 한중 연합군은 반격해온 일·만 연합군에 쫓겨 신빈현 읍내에서 철수하였으나, 곧 이춘윤 부대 등과 공동으로 이곳을 공략하여 탈환하였다. 또, 5월 8일에는 일·만 연합군 대병력이 영릉가를 침입하였으나, 조선혁명군은 이춘윤 및 왕동헌 부대와 함께 2일간이나 격전을 치르며 그곳을 사수하였다. 더욱이 신개령新開嶺 전투에서는 200여 명의 적을 살상하였고, 5월 중

6차례의 전투에서는 적 1,000여 명을 살상·포로·실종케 하였다. 5월 중에는 6차례의 전투에서 적 1,000여 명을 살상·포로·실종케 하는 큰 전과를 거두었다.

그 후에도 조선혁명군은 임강臨江, 집안, 유하현 삼원포 및 청원, 무순 등지의 광범한 지역에서 항일전을 수행하였다. 7월에는 최윤구, 조화선이 이끄는 조선혁명군 부대가 단독으로 통화현 쾌대무자快大茂子에서 일·만군 80여 명을 살상하는 승리를 거두기도 하였다. 이러한 활약으로 남만주 일대에서 조선혁명군의 명성은 크게 높아졌다.

1933년에 조선혁명군은 종래의 근거지인 신빈현 왕청문으로 사령부를 옮기고, 전 병력을 5개 부대 편제로 개편하였다. 1933년 중 조선혁명군은 왕봉각王鳳閣과 등철매鄧鐵梅 등 잔여 중국의용군과 함께 연합작전을 강화하는 한편, 소부대를 위주로 하는 유격전을 전개하였다. 특히 조선혁명군은 1933년 7월 8일 왕봉각 부대와 함께 신빈현을 공격하여 한 때 점거하는 쾌거를 이룩하기도 하였다.

조선혁명군은 중국의용군과 연대투쟁을 하는 한편, 조선혁명당 요인들과 협의한 뒤 압록강이 얼어붙는 동절기를 틈타 우수한 대원 30여 명을 밀파하여 국내 진입작전을 전개하기로 하였다. 이를 통해 조선혁명당·군은 큰 성과를 거둘 수 있었다.

관내 이동 및
독립운동정당 통일운동

9·18사변 후 만주독립운동세력의 관내 이동

1931년 9·18사변을 일으켜 만주를 장악한 일본은 1932년에 괴뢰국가인 만주국滿洲國을 수립하였다. 이후에도 일제는 만주에 그치지 않고 만리장성을 넘어 중국 화북華北 지방에 대한 침공을 계속하였다. 이러한 관내지역에 대한 일본군의 압박과 중일 간의 군사적 충돌은 1933년까지 계속되었다. 그러나 중국군은 일본군에 큰 타격을 가하지 못한 채 수세에 몰려있는 입장이었다. 그리고 9·18사변으로 고조된 중국인들의 반일 감정을 대일 항전의 에너지로 결집하지도 못하고 있었다.

　일본에 대해 소극적인 태도를 보이던 중국 국민당 정부는 1933년 5월에 일본과 당고협정塘沽協定을 체결하였다. 이 협정은 국민당 정부가 일본의 만주 침략을 기정사실로 인정하고, 천진과 북경을 실질적인 비무장 지역으로 인정함으로써 만주국의 안전을 보장하는 굴욕적인 휴전 협정이었다. 그 후에도 계속되는 일본의 압력에 의하여 1935년 6월에 중국 측이 챠하르察哈爾, 수원綏遠, 산서山西, 하북河北, 산동山東 등 이른바 화북 5성華北五省에 만주국과 같은 친일 괴뢰정부를 수립하도록 한 걸음 더 양보하였다.

만주와 화북 지역을 석권한 일본은 서구의 나치즘과 파시즘의 대두에 고무되어 점차 군국주의의 물결에 휩쓸리게 되었다. 따라서 군이 정부의 통제력을 벗어나는 상황에 처한 일본은 중국이 국공 합작으로 항일 세력을 강화하려는 조짐을 보이자 이에 대한 우려를 노골적으로 나타내었다. 그러던 중 1935년에는 그들이 괴뢰정부로 수립하였던 화북 자치정부 역시 점차 반일화되기에 이르렀다. 게다가 1937년 5월에는 그 정부 자체가 해체됨으로써 일제는 만주국에 대한 안전판을 잃게 되었다. 이에 일본군은 국공 합작으로 중국 측의 대일 항전 역량이 강화되기 전에 무력으로 화북 5성의 섬멸을 기도하게 되었다.

이러한 중국 측의 유화적인 대일 자세는 임시정부를 비롯한 한국 독립운동 단체들의 활동에도 큰 영향을 미쳤다. 일본을 의식한 중국 정부가 공식적으로는 한국 독립운동 단체들의 적극적인 대일 활동을 제한하였던 것이다.

만주 지역, 특히 서간도 지역에서의 한국 독립운동의 여건도 갈수록 악화되었다. 1932년 3월 일제의 의해 만주국이 수립된 이후, 일제는 관동군과 만주국 군경을 동원하여 조선혁명당·군의 근거지에 대해 수차례의 대규모 '동변도 대토벌작전'을 전개하였다. 조선혁명군은 1933년

10월부터 시작된 일제의 동변도 지방에 대한 겨울철 치안숙정공작으로 인해 어려움을 겪게 되었다. 특히 탄약을 아끼기 위해 전투를 피해야 했기 때문에 더욱 어려움이 컸다.

또, 조선혁명군은 1934년 9월 일제의 가을철 치안숙정공작 때 총사령 양세봉이 토벌부대에 사살당하는 손실을 입었다. 김학규가 남경으로 출발한 지 4개월이 지날 즈음에 그가 존경해 마지않던 양세봉 총사령이 전사하였던 것이다. 더구나 그동안 조선혁명군에게 자금과 무기를 공급해 주던 당취오의 요녕민중자위군은 열하 지방 등지의 원정에 실패한 것을 계기로 1933년 1월경에는 활동을 중지하거나 여러 갈래로 분산되었다. 이렇게 1933년 말부터 강력한 지원 세력이 약화되면서 조선혁명군도 크게 위축되었다.

1931년 9·18사변 이후의 엄혹해진 정세 변화에 따라 조선혁명당 내에서도 이에 대한 대책을 수립하고 있었다. 1932년 1월에 조선혁명당은 흥경현에서 9·18사변에 대한 대책을 수립하기 위해 중앙집행위원회를 개최하였다. 양기탁, 최동오崔東旿 등 회의에 참석한 많은 사람들은 대세를 만회할 수 없으니 관내로 퇴각해야 한다고 주장하였다. 이에 대해 당내 소장파들은 혁명가는 죽음을 두려워해서는 안 된다고 주장하며 관내로의 퇴각을 반대하였다. 첫날 회의는 매우 긴장된 분위기에서 진행되었으며 양측의 주장이 합의에 이르지는 못했다. 그러나 점차 관내로의 이동이라는 대책이 힘을 얻게 되었다.

마침 당시 재만 독립운동 단체 지도자들도 관내지역 독립운동 단체들의 소식을 듣고 있었다. 1932년 4월 29일에 임시정부가 자리 잡고 있던 상해에서는 경천동지할 윤봉길 의사의 홍구공원 폭탄의거가 발발하였다. 윤봉길 의거 이후 임시정부의 김구 주석과 중국국민당 장개석 위원장의 합작으로 낙양에 독립군 양성을 위한 군관학교 설립이 결정되었다. 김구는 하남성河南省 낙양洛陽에 있는 중국군관학교 분교 내에 한인특별반을 설립하였고, 의열단장 김원봉 역시 중국 정부와 협의하여 강소성 강녕현江寧縣에 조선혁명간부학교를 설립하였다는 소식을 접하고 있었다. 김구 주석은 연락원을 파견하여 만주에서 악전고투하는 조선혁명군, 한국독립군 등 독립군의 관내지역 이동을 요청하고 있었던 것이다.

조선혁명당 대표로 관내에 파견

이즈음에 김학규는 조선혁명당의 전권대표로 관내지역에 파견되었다. 물론 당초 조선혁명군은 관내지역으로의 완전한 이동보다는 관내지역 독립운동 세력의 도움을 받아 만주에서 항진을 계속하려는 의도도 가지고 있었다. 따라서 조선혁명군 사령부에서는 연석회의를 열고, 부족한 인력과 물자를 보충받기 위해 대표를 임시정부에 파견해 원조를 요청하기로 결정하였다. 1933년 말부터 김구와 김원봉이 각각 중국 국민정부와 군사위원회의 지원을 받아 중국군관학교 내에 한인 청년들로 구성된 간부훈련반을 운영하자, 조선혁명당과 조선혁명군 본부에서는 이들 졸업생들을 현지의 무장투쟁에 투입시키기로 결정하고 이 문제를 협의하고자 하였다. 김학규는 임시정부에 지원을 요청하는 조선혁명당·군의 대표로서 선발되어 남경에 파견되었다. 부인 오광심과 함께 농부로 변장하여 안동, 청도, 천진, 북경을 거쳐 1934년 5월 남경에 도착하였다.

김학규 일행이 중도에 북경에 들른 것은 만주에서 의기투합하여 한중연합전선을 폈던 중국의용군 장성 당취오를 만나기 위해서였다. 당시 북경에는 동북에서 활동하던 중국의용군 장령들이 피신해 활동하고 있었다. 후일 김학규는 '고 당취오 장군을 애도하며'라는 글을 한국독립당 기관지 『한민』(제1기 제2호, 1940)에 실어 북경에서 당취오와의 만남을 회고하였다. 1933년 중일 간에 당고협정塘沽協定 체결 소식이 전해진 뒤, 왕동헌도 항일투쟁의 전권을 왕봉각에게 넘기고 북경으로 와서 활동하고 있었다.

김학규는 북경에서 중국의용군 장령 당취오 등을 만나 항일구국 방안을 협의한 후 남경행을 서둘렀다. 남경으로 가는 길은 자못 험난하였다. 김학규와 동행한 오광심은 임시정부를 찾아가는 험난한 과정에서 '님 찾아 가는 길'이라고 하는 제목의 노래를 지어 비장한 심경의 일단을 토로하기도 하였다.

님 찾아가는 길

1. 비바람 세차고 눈보라 쌓여도
   님 향한 굳은 마음은 변할 길 없어라
   님 향한 굳은 마음은 변할 길 없어라
2. 어두운 밤길에 준령을 넘으며
   님 찾아가는 이 길은 멀기만 하여라
   님 찾아가는 이 길은 멀기만 하여라

3. 험난한 세파에 괴로움 많아도
　님 맞을 그날 위하여 끝까지 가리라
　님 맞을 그날 위하여 끝까지 가리라

이 노랫말 속의 '님'은 임시정부이자 나아가 조국 광복을 뜻한다. 어떤 고난도 극복하고 조국의 광복을 위하여 끝까지 투쟁하겠다는 오광심의 굳건한 결의가 엿보인다.

김학규가 관내로 이동할 때 중국 국민정부에서 파견한 중국인 지하공작원 이조년李兆年(黃浦軍官學校 6기 졸업생)과 섭경산葉景山(하얼빈 예술전문학교 졸업생)이 안내하였다. 이는 국민정부에서 비공식적으로 한중연합 추진공작을 지원하였음을 의미한다. 실제로 섭경산은 1936년 조선혁명군의 일선 참모겸 사령관 연락위원으로 활약하며 한중 연합투쟁에 직접 참가하다 전사하는 비운을 맞이하였다.

이미 1930년대 전반기부터 조선혁명당 인사들과 중국 관내지역 민족운동 단체 사이에는 상당한 연결 관계가 형성되어 있었다. 예를 들어, 의열단이 운영하는 조선혁명간부학교 제1기 졸업생인 이창하李昌河는 1935년경 만주로 건너와 조선혁명당 진영과 접촉하였다. 국민부 부원 변창유邊昌裕는 반대로 만주에서 관내로 이동하여 이 학교의 2기생으로 입교하여 군사훈련을 받기도 하였다. 그리고 변창유와 같이 조선혁명간부학교 2기 졸업생인 안세웅安世雄, 유세영柳世營은 단원 모집을 위해 봉천에 갔다가 일제에 피체되었다. 의열단원 김지영金志榮은 조선혁명당의 본거지인 신빈에 갔다가 역시 일제 관헌에 검거되고 말았다. 또, 조선혁명당 중앙집행위원을 역임한 고활신高豁信은 1932년경 의열단에 입단하고 조선혁명간부학교의 교관으로 강단에 서기도 하였다. 이는 조선혁명당 진영과 의열단 측이 밀접한 관계를 맺고 왕래하고 있었다는 사실을 드러낸다.

만주에서 조선혁명군으로 활동했던 이웅은 유동열이나 최동오, 김학규보다 훨씬 더 이른 시기인 1930년에 만주에서 관내지역으로 이동한 인사였다. 1921년 운남강무학교를 졸업한 그는 독립전쟁을 수행하기 위해 만주로 가서 대한통의부, 정의부 등에서 활동하다가 국민부, 조선혁명당, 조선혁명군에서 지도자로 활약하였던 인물이다. 김학규는 조선혁명군에서 함께 활동하였던 선배 독립운동가 이웅과는 관내에서 다시 해후한 것이었다.

관내지역 독립운동정당 통합운동에 참여

김학규가 남경에 도착한 후 김규식金奎植, 유동열, 최동오, 성주식, 김원봉 등 여러 독립운동 단체의 인사들은 김학규를 현무호玄武湖의 놀이배로 초대하여 성대한 환영연을 베풀었다. 김학규는 만주에서 진행되고 있는 조선혁명군의 대일작전 상황을 보고하고, 조선혁명군에 대한 인력 및 물력의 보급의 필요성을 역설하였다.

당시 관내지역 독립운동 단체들은 대동단결을 위한 통합을 전제로 통일운동을 전개하고 있었다. 마침 남경에 도착한 김학규도 관내지역에서 전개되고 있던 독립운동단체 통합운동에 본격적으로 뛰어들게 되었다.

유동열과 함께

　일찍이 1920년대 중반 이래 '대독립당' 결성을 지향하였던 민족유일당운동은 참여 세력의 노선 차이와 이념적 편차로 무산되었다. 하지만 이러한 통일 논의가 완전히 없어진 것은 아니었다. 1920년대 말의 세계적 경제 공황, 1931년의 9·18사변 및 1932년의 상해사변 등과 같은 일제의 본격적인 대륙 침략으로 한인 독립운동 진영에서는 다시 항일투쟁의식이 고조되어 효과적인 항일투쟁을 전개하기 위한 독립운동 진영의 통일전선을 모색하였다.

　민족통일전선의 결성을 위한 움직임이 표면화된 것은 1932년 10월이었다. 1932년 10월 12일 상해 프랑스조계 동방여사東方旅社에서 한국독립당의 이유필李裕弼·송병조宋秉祚·김두봉金枓奉, 조선혁명당朝鮮革命黨의 최동오, 한국혁명당의 윤기섭·신익희申翼熙, 의열단義烈團의 한일래韓一來·박건웅朴建雄, 한국혁명동지회의 김규식 등 9인이 각단체연합주비위원회를 결성하였다. 같은 달 23일에 열린 주비위원회에서는 연합체의 명칭을 한국대일전선통일동맹으로 하고, 연합체의 성격을 협의기관으로 할 것을 결의하였다. 다시 말해 통일동맹은 단일 대당 결성을 위한 임시기구의 성격을 띠고 있었다.

통일동맹의 결성 과정에서는 김학규에 앞서 관내지역으로 파견된 조선혁명당의 유동열과 최동오의 역할이 컸다. 조선혁명당은 1931년 9월 일제의 만주 침공 이후, 유동열과 최동오 등을 관내에 파견하여 중국 국민정부 관계자에게 한중 연합과 대일 항쟁에 필요한 인적·물적 지원을 요청한 바 있었다. 관내로 이동한 유동열과 최동오 등은 관내의 여러 독립운동 정당 및 단체들과 협의하여 통일동맹을 결성하였던 것이다.

통일동맹은 1934년 3월 1일에 제2차 동맹대표대회 및 한국혁명각단체대표대회를 개최하였다. 의열단과 신한독립당이 주도한 통일동맹은 당초의 목적대로 각 단체를 해소하여 완전한 대동단결체를 조직한다고 천명하였다. 하지만 신당 결성에 대해 각 단체와 정파 사이의 입장이 일치한 것은 아니었다. 의열단과 신한독립당, 조선혁명당, 대한독립당은 이구동성으로 기성단체 해소와 단일 신당 결성안을 적극 지지하였다. 관내에서 활동하던 유동열과 최동오 등은 조선혁명당 본부가 남경과 너무 멀리 떨어져 있어 긴밀한 연락을 취하지는 못했지만, 중국 동북과 관내를 연계시키려는 공작을 지속적으로 추진하고 있었다.

김학규도 효과적인 독립운동을 위해서는 우선 각 독립운동 단체 진영의 통합이 선결 과제임을 인식하였다. 그리하여 그는 남경의 통일회의 사항에 대하여 조선혁명당 본부에 제출할 보고서인 독립운동 진영의 민족유일당 결성방안을 작성한 후 부인 오광심으로 하여금 암송케 한 다음 만주로 가서 조선혁명당 본부에 보고하도록 하였다.

본부에서는 남경에서의 김학규와 부인 오광심의 활동을 만족스럽게 여기고, 그가 제안한 보고서 내용에 전적으로 찬성하였다. 그 결과 김학규는 남경통일회의 조선혁명당 대표로 임명되었다.

1935년 1월 7일, 남만주 흥경현 왕청문 남쪽으로 약 20리 떨어져 있는 고려성자高麗城子의 어떤 한인 집에서 조선혁명당 중앙위원장 고이허와 남경의 의열단원 홍심원洪深遠(조선혁명당 남경특파원), 오광심 등이 모여 남경의 조선혁명당 대표부에 보낼 지령문과 기타 비밀 문건을 작성하고 있었다.

이때 일제의 주구 정재명鄭在明 등이 이를 탐지하고 이 집을 기습하였다. 그들은 집에 불을 지르고 노셀 권총을 연사하며 난입히였다. 당시에 고이허는 조선혁명당 당적黨籍 문건를 비롯한 기타 중요 서류를 갖고 있었다. 이러한 위기일발의 찰나에 눈치 빠르고 영민한 오광심은 그 문건들이 일제 측의 손에 들어가는 것을 막기 위해 재빨리 부엌으로 뛰어내려가 그 문서들을 아궁이에 불태우는 기지를 발휘하였다. 고이허는 홍심원과 함께 불이 나는 반대 방향으로 요령 있게 도피하여 화를 면하였고, 오광심은 고이허와 홍심원이 달아난 반대 방향으로 불더미를 헤치고 뛰어나가 체포를 면하였다.

하지만 오광심은 불행하게도 손과 목 등 여러 곳에 심한 화상을 입고,

약 3개월 간 산속의 동굴에서 치료를 받아야 했다.

1935년 1월, 오광심은 상처가 다 아물지 않은 몸을 이끌고 다시 남경으로 가서 조선혁명당이 남경에서 추진하고 있는 단일당 조직운동에 대한 당과 군의 비준서를 전달하였다.

민족혁명당 창립과 조선혁명당의 개건

김학규는 1935년 봄부터 남경통일회의에 정식으로 참가하게 되었다. 남경통일회의에 참가하였던 각 5개 단체의 대표는 한국독립당 대표 양기탁·조소앙, 조선혁명당 대표 최동오·김학규, 의열단 대표 김원봉·진의로, 신한독립당과 대한독립당 대표 김규식·신익희·이청천 등이었다. 1935년 6월 29일부터 개최된 정식회의에서는 당의, 당강, 정책을 제정하였다. 신당은 민주공화국 건설을 이념으로 삼고, 신국가의 경제체제는 토지와 대생산기관의 국유, 통제경제 체제 및 사유제한의 원칙에서 재구성되어야 한다고 천명하였다.

7월 4일에는 단일 대당 창립대표회의를 개최하여 신당의 당명, 당의, 당강, 정책 등을 결의하고, 다음날 민족혁명당 결당식을 가졌다. 여기에서는 예비회의에서 결정된 사항을 정식으로 통과시키고, 중앙집행위원을 선거하였다. 조선혁명당의 김학규는 최동오, 김활석과 함께 신당의 중앙집행위원에 선출되었다. 이는 김학규의 신당 내에서의 위상을 잘 말해 준다. 새로이 선출된 민족혁명당의 중앙집행위원은 다음과 같다.

민족혁명당 창립대표회의 개최지 남경 금릉대학(현재의 남경대학)

김원봉, 윤세주, 진의로(이상 의열단)

김두봉, 조소앙, 최석순(이상 한국독립당)

이청천, 신익희, 윤기섭(이상 신한독립당)

김학규, 최동오, 김활석(이상 조선혁명당)

김규식(대한독립당), 이광제, 이관일

민족혁명당이 창립된 다음날 이 당에 참여한 조선혁명당은 해소 선언을 하였다. 따라서 재만 조선혁명군은 민족혁명당의 당군으로 편제되었고, 김학규는 이 당의 만주 지부장을 겸임하게 되었다. 민족혁명당 창립 시 형식적이기는 하지만, 여기에 편입된 재만 조선혁명당의 당원은

1,000여 명, 무기는 장총·단총·기관총 등 합계 400여 정, 이를 사용하는 인원은 약 500명으로 파악되었다.

그리고 7월 6일에 개최된 제1차 중앙집행위원회에서는 당무위원회 조례를 정하고 부원을 아래와 같이 정하였다.

[서기부] 부장: 김원봉 부원: 김상덕, 윤세주 외 1명

[조직부] 부장: 김두봉 부원: 최석순, 김학규, 조경한

[선전부] 부장: 최동오 부원: 신익희, 성주식

[군사부] 부장: 이청천 부원: 김창환, 윤기섭, 성주식

[국민부] 부장: 김규식 부원: 조소앙, 신익희

[훈련부] 부장: 윤기섭 부원: 3인

[조사부] 부장: 이광제 부원: 진의로

김학규는 신당의 중앙집행위원 외에 당무위원회 조직부의 부원으로도 임명되었다. 나아가 민족혁명당은 만주의 항일운동 세력과의 연계를 강화하고자 하였다. 조선혁명당은 김학규의 밀사로 만주에 파견된 외교부원 홍심원을 남경 국민정부와 각종 운동 단체의 연락원으로 왕래하게 하여 관내지역과 긴밀한 유대관계를 형성하였다. 이에 따라 1935~1937년경에는 민족혁명당원 김태훈金泰勳, 조종구趙鍾求 등 상당수가 만주로 이동하여 항일무장투쟁 대열에 동참하고자 하였다. 이 두 사람은 각각 만주 입구인 영구營口와 천진에서 체포되고 말았다. 하지만 이러한 사례는 관내에서 군관학교를 졸업하고 만주로 간 사람이 상당수

있었을 것이라는 추정을 가능케 한다.

한편 홍심원은 1935년에서 이듬해 11월경까지 남경에서 봉천성 해룡현海龍縣을 거쳐 왕청문의 조선혁명군 본거지까지 몇 차례 왕래하며 관내지역과 조선혁명당 계열 사이의 연대투쟁을 가능하게 하였다. 그러나 그가 1936년 11월 봉천성 안동에서 일제 관헌에 붙잡힌 뒤, 조선혁명당 계열과 관내지역과의 연계는 거의 두절되고 말았다.

민족혁명당의 중앙집행위원으로 활동하던 김학규는 1936년 1월에 군사교리를 연구하고 군사학을 습득하기 위해 중국 육군중앙군관학교 여산특별훈련반廬山特別訓練班에 가서 1년 동안 군사훈련을 받았다. 중국 육군중앙군관학교에서 군사훈련을 마친 김학규는 다시 남경으로 돌아왔다. 남경으로 돌아온 지 얼마 되지 않은 1937년 4월에 김학규는 최동오, 유동열, 현익철, 이청천 등과 함께 다시 조선혁명당을 조직하였다.

한편 재만 조선혁명당은 김학규를 통해 김원봉 계열의 독주에 대한 반감과 주도권 싸움 등과 같은 요인에 의해 민족혁명당이 분열되었다는 전후 상황을 알게 되었다. 그들은 당초 희망한대로 재만 독립운동세력에 대한 인적·물적 지원이 이루어지지 않은 것에 대해 실망하였다. 그 결과 재만 조선혁명당은 재만 조선혁명당의 해소를 번복하고 통일전선 정당으로서의 민족혁명당을 부인하였다. 이후 재만 조선혁명당 세력은 중앙조직을 중심으로 하여 조선혁명군정부라는 조직체를 통해 투쟁을 계속해 나갔다. 당시의 엄혹한 정세 하에서 김학규 등 관내에 와 있던 조선혁명당 세력은 만주 지역에서 항일무장투쟁을 전개하고 있던 조선혁명군정부 및 고이허 등 조선혁명당의 영도세력과는 거의 연계를 가질 수 없었다.

관내 조선혁명당 등 3당은 이러한 우여곡절을 거쳐 마침내 1940년 5월에는 다시 통합 한국독립당을 결성하였다. 이로써 재만 조선혁명당의 일부 인맥과 이념이 임시정부의 여당 역할을 하던 한국독립당에 계승되었다. 만주 조선혁명당에서 민족운동을 전개하다 관내로 남하한 유동열, 최동오, 김학규, 이웅 등은 이후 임시정부와 한국광복군에서 크게 활약함으로써 만주에서 활동하던 조선혁명당의 이념을 계승하여 관내 독립운동의 발전에 기여하였다.

중일전쟁 발발과 군사활동의 재개

중일전쟁 발발과 임시정부의 군사위원회 활동

김학규가 1937년 4월 남경에서 조선혁명당을 재건하고 얼마 지나지 않아 전면적인 중일전쟁이 발발하였다. 1937년 7월 7일 북경 노구교에서 야간 전투 훈련을 실시하던 일본군 부대의 병사 한 명이 실종되었다는 것을 구실로 일본은 중국에 대해 전면적인 공격을 개시하였다. 중일전쟁이 발발하자 한국독립운동 진영에서는 환호작약하였다.

당초 일본군은 중국 국민의 항일 의지와 국민당 정부의 전쟁수행 능력을 과소평가하고 있었다. 3개월 이내에 화북 지역을 석권하고 남경의 국민당 정부를 굴복시킬 수 있으리라는 판단 하에 단기전을 구상하였던 것이다. 그러나 일본군은 중국군의 선전으로 침공 초기부터 작전 계획에 차질을 빚게 되었다. 중국 정부와 국민의 대일항쟁 의지가 의외로

강인하였던 것이다. 개전 이후 1938년 말까지 일본군과 중국군은 각각 70만 명과 110만 명에 달하는 막대한 사상자를 내게 되었다.

또 중국군이 장기전으로 맞섬에 따라 전쟁 지역이 중국 화북지방에서부터 화중·화남지역으로까지 확대되어 갔다. 1938년 말 이후에는 일본군이 북경 – 정주鄭州 – 한구漢口 – 장사長沙 – 광주廣州를 잇는 남북 종단철도 동쪽의 장강長江 북부 지역만을 장악한 상태에서 전선이 교착되었다. 이러한 지구전의 양상은 1941년 12월에 태평양전쟁이 발발할 때까지 지속되었다.

중국 정부는 1937년 12월에 수도인 남경이 일본군에 점령당하자, 수도를 사천성四川省 중경重慶으로 천도하였다. 그리고 무한武漢(漢口, 漢陽, 武昌 지역)을 작전기지로 삼아 장기 항전 태세를 갖추어 나갔다. 그러나 이듬해 10월에 무한 지역마저 일본군에게 점령당함으로써 중국의 정부기관은 중경으로 집결하였다. 이때부터 일제가 패망하는 1945년까지 중경을 중심으로 대일 항전을 펼쳐나갔다.

이러한 중일전쟁의 전황은 한국독립운동 진영에도 커다란 영향을 미쳤다. 임시정부는 1935년 10월 항주에서 강소성江蘇省 진강鎭江으로 옮겼다가 한동안 남경에 자리를 잡았다. 그 후 일본의 점령 지역이 확대됨에 따라 장사, 광주, 유주柳州, 기강綦江 등지로 옮겨다니다가 1940년 최종적으로 중경에 정착하였다.

중일전쟁은 임시정부의 군사활동을 촉발시켰다. 일본의 본격적인 침략에 대해 중국 측에서 적극적인 항전 태세를 갖추어 감에 따라 임시정부에서는 전시체제에 대한 대비와 한층 더 적극적인 군사활동이 절실하

중일전쟁 이후 임시정부의 이동 경로

다는 판단을 내렸다.

　1937년 7월 15일 임시정부의 국무회의에서는 중일전쟁 발발에 따른 대책을 강구하였다. 그리고 군무부장 조성환曺成煥으로 하여금 군무부 산하에 대일전쟁 수행을 위한 군사계획 및 제반업무를 통괄할 수 있는 군사위원회를 설치하도록 하였다. 군사위원회의 임무는 장차 군사활동에 관한 종합적인 계획을 수립하는 것으로 규정하였다. 그리고 일제에 대한 특무공작을 강화하고 장차 독립전쟁에 가용될 대부대를 편성하기 위

중일전쟁 발발과 군사활동의 재개　63

해 초급간부를 양성하기로 하였다. 군사위원회에는 김학규를 비롯하여 이청천, 유동열, 이복원李復源, 현익철, 안공근安恭根 등 군무에 밝은 6명을 군사위원으로 선임하였다. 군사전문가로서의 김학규의 역할이 인정되었던 것이다.

임시정부의 군사정책을 전담한 군사위원회의 주된 임무는 ① 독립전쟁에 대한 계획의 연구 작성, ② 군사상 필요한 서적의 편찬이었다. 그리고 임시정부에서는 1개 연대 규모의 독립군을 편성하기 위한 군사 예산 확보를 위해 노력하였다. 모병 활동에 필요한 자금 30만 원과 초급간부 200명을 양성하는 데 소요되는 자금 7만 원을 임시정부의 예산으로 책정하고 재원을 확보하고자 노력하였다. 이 군사비는 1938년도 임시정부의 전체 예산 578,867원 가운데 64%에 달하는 것이었다.

이와 같이 군사 관련 예산액은 군대 1개 연대의 편성과 군사간부(초급장교) 제1기생 200명의 양성을 위한 경비였다. 여기에 특별활동을 위한 특무비 20만 원까지 합친다면 실제 정무비는 8천여 원, 즉 총 예산의 1.3%에 불과하였다. 이로써 당시 임시정부의 예산이 군사 위주의 전시 예산으로 전환되었음을 잘 알 수 있다.

한편 임시정부는 위와 같은 군사 예산을 조달하고 동포와의 긴밀한 연락을 취하면서 사업을 원활하게 수행하기 위해 다음과 같은 시정 방침을 세우고 실행에 옮기고자 하였다.

① 상해, 남경, 광주 등 주요 지방에 교민단僑民團 조직을 강화하고, 미국 기타 재외 동포들과의 유대를 한층 강화한다.

② 군사상, 특무 활동상 중요한 지점에는 교통참交通站을 설치하고, 특무 요원 선임에 보다 더 주의한다.
③ 선전 연락으로 먼 나라와의 인식과 정의情誼를 두터이 하고, 친근한 국가와는 보다 더 친밀한 특수 교의交誼 증진에 노력한다.

이처럼 중일전쟁의 개전과 더불어 임시정부에서는 군사위원회를 설치하는 등 대일전을 위한 준비를 서둘렀다. 이와 더불어 한국국민당은 한국독립당, 조선혁명당 등 민족주의 독립운동정당과 합동 제휴하여 임시정부를 옹호 강화한다는 데에 원칙적인 합의를 보았다. 이들 3당은 1937년 8월 말 남경에서 김구가 이끄는 한국국민당과 홍진, 조소앙 등이 이끄는 한국독립당 및 이청천, 유동열, 김학규 등의 조선혁명당을 비롯한 민족주의 계열 3개 정당과 재미 단체 등 도합 9개 단체를 망라하여 임시정부의 외곽 연합단체인 한국광복운동단체연합회(이하 광복진선)을 결성하였다.

광복진선은 선전활동과 아울러 무장활동을 계획하였다. 당시 일제 측의 정보기록에 의하면, 광복진선은 중국 측으로부터 지원금을 확보하여 만주에서 대대적인 무장 봉기를 일으킬 계획이었다고 한다. 그러나 임시정부가 이동 중이었고, 무장활동을 추진할 수 있는 자금이 없었기 때문에 계획은 현실화되지 못하였다.

남경이 일본군의 의해 점령되기 전인 1937년 11월에 중국 정부가 이동하자 임시정부도 호북성湖北省 한구를 거쳐, 그 이듬해 2월에 호남성湖南省 장사로 옮겨갔다. 그리고 장사 지역 역시 곧 일본군의 침공 위협을 받는 상황이 되자, 임시정부는 7월에 다시 광동성廣東省 광주로 이동하였다. 뒤이어 일본군이 광동 지역에 상륙하여 광주를 위협하자 10월에는 서쪽으로 철수하여 남해南海를 거쳐 11월에 광서성廣西省 유주에 도착하였다.

1938년 말 광서성 유주에 머물고 있는 동안 임시정부에서는 한국광복진선 청년공작대를 조직하였다. 청년공작대는 임시정부 산하 청년들이 위주가 되어 조직되었다. 청년공작대는 유주 지역에서 항일의식을 고취하기 위한 선전활동을 전개하여 중국인들의 항일의지와 반일감정을 고취시켰다. 공작대는 정규군 편성이 어려운 상황 속에서 당면한 항일선전활동에 주력하여 많은 성과를 거두었다. 그러나 유주도 임시정부가 안주할 만한 곳이 되지 못하였다. 1939년 5월에 사천성 남부의 기강綦江으로 이동하였다. 임시정부가 정착한 기강은 중국의 임시 수도인 중경과 100여 리밖에 떨어져 있지 않은 곳이었다.

이같이 임시정부의 계속적인 이동으로 말미암아 남경에서 구성된 군사위원회는 제대로 운영되지 못하였다. 또, 모병과 초급간부 양성을 위해 모금한 금액은 임시정부의 이동에 따르는 비용으로 전용되었기 때문에 기강에 도착할 때까지 정상적인 군사활동을 전개하지 못하였다. 그럼에도 불구하고 군사위원회는 임시정부의 군사계획과 정책을 추진해가는 군사적 핵심기구의 역할을 하였을 뿐만 아니라 이후 한국광복군 창설에 기초적인 역할을 담당하였다.

민족연합전선운동과 광복군 창설 준비

1932년 4월 윤봉길 의거 이후부터 시작된 긴 피난 생활을 마친 임시정부는 기강에서 기존의 한국국민당 외에도 광복진선 측의 재건한국독립당, 조선혁명당과 이른바 3당 연립내각을 구성하였다. 이어 기존의 17명이던 임시의정원 의원의 수도 재건한국독립당과 조선혁명당에서 새로이 18명을 선출함으로써 대폭 늘였다.

이때 김학규는 이청천, 박찬익朴贊翊, 양우조楊宇朝, 문일민文逸民, 박건웅朴建雄 등과 함께 임시의정원 중령中領 의원으로 선출되어 의정 활동을 하였다. 하지만 그는 중경에서 멀리 떨어진 서안西安이나 안휘성安徽省 등 전방에서 한국광복군의 군사활동에 전념하였기 때문에 의정원 회의에는 참석하지 못하는 경우가 많았다. 김학규는 임시정부가 1937년 11월 중순 장강을 거슬러 한구를 거쳐 장사로 이동하는 동안에도 한국광복군 조직에 대한 연구와 군사학 편찬에 대한 사업을 꾸준히 수행하였다.

앞에서 언급하였듯이, 전면적인 중일전쟁은 민족운동 진영에게 조국 독립을 쟁취할 수 있는 절호의 기회로 인식되었다. 그러자 조국독립을 위해서는 우선 민족운동세력이 단결해야 할 필요성과 당위성이 제기되었다. 그결과 민족혁명당 및 한국국민당 등 좌우익 독립운동진영의 통일전선운동이 추진되었다.

먼저 김구의 한국국민당은 민족혁명당에서 탈당한 우익세력과 함께 연합을 도모함으로써 임시정부를 확대·강화시키고자 하였다. 미주 지역의 대한인국민회 등 6개 단체를 연합하여 1937년 8월 광복진선을 결

임시정부 대가족이 이용했던 목선

장사의 임시정부 청사

유주의 한국광복진선 청년공작대(1939. 4)

성하였음은 앞서 본 바와 같다. 이에 맞서 1937년 12월 민족혁명당을 중심으로 한 좌익 진영에서도 연합을 추진하였다. 민족혁명당은 김성숙金星淑이 주도하던 공산주의 단체 조선민족해방동맹, 유자명柳子明이 이끌던 아나키스트 단체 조선혁명자연맹이 연합하여 조선민족전선연맹(민족진선)을 결성하였다.

이로써 관내지역의 민족운동은 광복진선과 민족진선으로 연합을 이루면서 좌우 양대 진영으로 재편성되었다. 이제 남은 과제는 이 양대 진영이 연합을 하는 것인데, 마침 중국 국민당 정부가 이들의 통일을 종용하고 나섰다. 통합을 위한 움직임은 각 진영 내부에서도 있었다. 1939년 5월 내외의 요구에 부응하여 김구와 김원봉 두 사람은 공동 명의로 "동지동포 제군에게 보내는 공개통신"을 발표함으로써 양 진영의 통일운동이 구체화되었다.

1939년 8월 중경 초입의 기강에서 양대 진영 7개 단체의 대표가 통일전선을 형성하기 위한 7당통합회의를 개최하였다. 이 회의에는 관내지역 민족주의 우파세력의 조선혁명당, 한국독립당, 한국국민당과 민족주의 좌파세력의 민족혁명당, 조선청년전위동맹, 조선민족해방동맹, 조선혁명자연맹 등 7당의 대표가 모여 대동단결을 결의하고 통일운동을 꾀하였다.

각 단체 대표들은 모두 통합의 당위성에 대해서는 찬성하였다. 문제는 1920년대의 민족유일당운동과 마찬가지로 단일당을 구체적으로 어떤 방식으로 조직하느냐 하는 것이었다. 이 방법에 대해서는 이견을 보였다. 말하자면 한국국민당이나 민족혁명당과 같이 세력이 강한 단체

기강의 임시정부 청사 건물

이시영과 함께

한국독립당 제1차 중앙집행위원 전체 촬영(1940. 5. 16)

들은 기존의 단체를 완전히 해체하고 신당을 조직하자는 단일당 방식을 제시하였다. 그러나 세력이 약했던 조선민족해방동맹 등과 같은 군소단체들은 원래의 조직을 그대로 유지하면서 단체를 기초로 하는 연맹체를 조직하자는 연맹 방식을 고수하였다. 군소단체들은 기존 단체를 유지함으로써 자신들의 정체성을 지키고자 하였던 것이다. 그에 반해 세력이 큰 단체들은 군소단체까지 모두 흡수하여 자파 세력을 확대하고자 하였다.

그밖에도 독립운동 최고기구의 성격에 대한 이견도 통합회의가 결렬된 원인의 하나였다. 통합운동 이후 출현할 독립운동의 최고기구를 새로이 조직되는 단일당으로 할 것이냐, 임시정부로 할 것이냐 하는 문제였다. 이는 결국 민족운동의 주도권을 누가 장악하느냐는 문제였으므로, 이를 둘러싸고 두 진영이 팽팽하게 대립하다 결국에는 통합회의가 결렬되고 말았다.

기강에서 개최된 통합회의가 결렬된 이후 우익 진영에서는 1940년 5월 임시정부를 옹호하고 유지하는 여당으로서 한국독립당을 창당하였다. 조선혁명당, 한국독립당, 한국국민당 이 3당이 발전적인 해체를 선언하고 통일신당인 한국독립당을 조직한 것이다. 이때 김학규는 이청천과 더불어 조선혁명당의 대표로 참여하였다. 참여한 단체와 대표들을 보면 조선혁명당에 이청천·김학규, 한국독립당에 조소앙·홍진, 한국국민당에 조완구·김붕준 등이었다. 한국독립당은 새롭게 출발하는 동시에 한국광복군 창설 계획을 재추진하였다. 동당의 중앙집행위원장에는 김구가 선임되었다. 김학규는 홍신, 소소앙, 조시원, 이청친, 유동열, 안일청, 송병조, 조완구, 엄항섭, 김붕준, 조성환, 차리석 등과 함께 위원에 선출되었다.

한국독립당이 성립된 지 몇 달 후인 9월 17일에는 임시정부의 국군으로 한국광복군이 창설되었다. 곧이어 10월에는 집단지도체제를 탈피하고 강력한 지도력을 행사할 수 있는 주석 중심의 단일지도체제로 개헌을 단행함으로써 임시정부는 당(한국독립당)·정(임시정부)·군(광복군)의 삼위일체 체제로 거듭나게 되었다. 인적 기반의 확대와 함께 조직과 체제가 정비되면서 임시정부의 위상과 역할은 크게 제고되었다. 반대로 김원봉이 이끌던 좌익 진영은 기강 7당통합회의 이후 내부 견해 차이로 세력이 크게 약화되었다.

한국광복군 창설과 활동

임시정부의 대일군사전략과 국군 창설 추진

1937년 11월 상해가 함락되자 남경의 중국 국민당 정부는 중경으로 옮겨 장기전에 돌입하였다. 중경은 장징 본류와 기릉강嘉陵江이 만나는 삼각주에 끼여 있는 도시이다. 원래 인구가 몇만 명에 불과한 작은 도시였으나, 국민당 정부가 이곳으로 옮겨온 후로 중경은 인구가 백만 명이 넘는 대도시로 변하였다. 이곳은 두 강이 합류하는 지점이었기 때문에 늘 짙은 안개가 끼었으므로, 일본군의 공습을 피하는 데에 유리한 측면이 없지 않았다. 하지만 중경의 짙은 안개와 일본군의 끊임없는 공습은 중경에 도착한 독립운동 인사들과 그 가족들이 얼마나 간고한 앞날을 보내게 될지 예고하는 것이었다.

1937년 중일전쟁 이후 임시정부에서는 기구의 확대·강화와 더불어

1940년대 초 중경의 모습

　독립전쟁을 수행하기 위한 준비와 계획을 추진하였다. 우선 군사계획의 수립을 전담하도록 하기 위해 참모부參謀部를 증설하였다. 따라서 기존의 군무부는 군무행정軍務行政을 담당하도록 하였다. 참모부는 정부의 내무, 군무, 법무, 재무의 5부와 더불어 정부의 한 부서였다. 그럼으로써 참모장은 국무회의의 일원이 되어 군사계획을 추진하게 되었다. 참모장으로는 만주 조선혁명당 출신인 유동열이 선임되었다.

　한편 임시정부에서는 한국광복군을 창설하기 위한 준비 작업의 일환으로, 1939년 11월에 군사특파단軍事特派團을 조직하여 전선에 파견하였다. 군사특파단의 주임으로는 군무부장 조성환이 임명되었다. 휘하에 황학수黃學秀, 왕중량王仲良, 이준식 등의 단원 및 노복선盧福善, 서파徐波

등의 청년 공작원을 두고, 이들과 함께 전선지구인 섬서성陝西省 서안으로 파견되었다. 임시정부는 이들에게 임시정부 산하의 한국광복군을 편성하기 위한 병력 모집과 선전활동 등 전지공작戰地工作을 전개하도록 하였다.

아울러 임시정부에서는 독립운동을 추진해나갈 원대한 계획을 확립하고 내외에 발표하였다. 11월 11일에 국무회의에서 결정, 통과된 '독립운동방략'이 그것이다. 이는 조직, 군사, 외교, 선전, 재정 등 각 영역에서 임시정부가 추진해 나아가야 할 3개년 계획을 수립한 것이다. 구체적으로는 국무원이 수행할 5개의 기본 임무, 군사양성과 부대편성에 관한 계획, 그리고 이를 수행하는 데 필요한 10개의 부대활동附帶活動 등 세 부분으로 구성되어 있다.

'독립운동방략'에서는 향후 임시정부가 각 영역에서 해야 할 임무를 구체적으로 규정하고 있는데, 그중에서도 핵심은 역시 군사양성과 독립전쟁 수행에 관한 것이라고 할 것이다. 즉, '독립운동방략'은 임시정부의 활동 능력과 전투력은 반드시 조직적으로 훈련받은 영용한 무장독립군을 통해서만 존재할 수 있다고 천명하였다.

그리고 일제와의 직접적 독립전쟁을 개시하여 광복을 완성한다는 전제 하에 군사양성과 독립전쟁 수행 계획을 제시하였다. 이 계획을 보면 1940년을 제1기, 1941년을 제2기, 1942년을 제3기로 보고, 각 시기마다 장교, 무장군대, 유격대 양성의 목표를 설정한 뒤, 이를 위한 방법과 책정된 소요 경비를 밝히고 있다. 이러한 3개년 계획이 완료되면 장교는 1천 2백 명, 기본 무장군대는 10만 명, 유격대원은 35만 명에 이르는 것으로 제시되어 있다. 그 결과 적어도 관내지역에서 적을 구축驅逐하고, 나아가 동삼성에서 적을 물리치며, 최상으로는 한반도에서 적을 몰아낼 수 있을 것으로 기대하였다.

이러한 '독립운동방략'은 실제 실행 여부를 떠나 임시정부가 전 민족을 동원하여 일제와의 독립전쟁을 수행하고, 이를 통해 조국 광복을 달성한다는 원대한 계획을 수립하였다는 측면에서 의의를 가진다. 그리고 이러한 계획이 현실적으로 구체화되어 나타난 것이 바로 한국광복군의 창설이었다고 할 것이다. 이 과정에 김학규가 깊이 관여하였음은 두말할 나위 없다.

한국광복군은 1940년 9월 17일에 중국의 전시 수도였던 중경에서 임시정부의 국군으로 창설되었다. 일본군의 공습이 한창이던 중경에서 한국광복군이 창군되기까지의 과정에는 수많은 난관이 있었다. 1919년 4월, 한국 역사상 최초의 민주공화제를 표방하면서 수립된 임시정부가 당초부터 일본에 대한 대규모 정규전의 전개를 지상목표로 설정하고 활동하였음은 널리 알려져 있는 바와 같다. 임시정부는 출범하면서 독립운동방략으로서 외교, 교육, 문화 등과 함께 무엇보다 특히 군사활동을 중시하고, 독립전쟁론의 실천적 군사계획을 위해 군사조직법을 공포한 바 있었다.

하지만 임시정부와 국내를 이어주던 교통국交通局과 연통제聯通制의 파괴, 국민대표회의에 의한 민족운동 진영 내의 갈등으로 임시정부는 침체에 빠져들었다. 1932년에 윤봉길의 의거 이후 임시정부는 회생하기 시작했음에도 불구하고, 일제의 집요한 탄압으로 1940년까지 피난길에

오르지 않을 수 없었다. 그 후 중일전쟁 발발 등으로 국내외의 정세가 유리하게 전개되면서 임시정부는 군사위원회를 설치하여 적극적으로 군사정책을 추진할 수 있었다. 마침내 1940년 9월에 임시정부는 8년 동안의 기나긴 이동 생활을 끝내고 중국 국민정부의 전시 수도 중경에 안착하였다. 그럼으로써 산하에 국군으로 한국광복군이 창설되어 그동안 꿈에 그리던 대일 군사활동을 실천에 옮길 수 있는 바탕을 마련하기에 이르렀다.

광복군 창설과 총사령부 구성

임시정부는 중경에 도착하기 1년쯤 전인 1939년 11월 서안에 군사특파단을 파견하여 병력을 모집하는 한편, 중국 정부와 교섭한 바 있다. 중국 안에서 군대를 편성하려면 중국 당국의 양해를 얻어야 했고, 중국 측에 원조를 의뢰할 필요도 있었기 때문이었다.

한국광복군 창설을 준비하고 있던 김구는 중국 국민당 정부의 한국 담당자들을 대상으로 한국광복군 편성의 필요성을 역설하였다. 국민당 정부의 한국 담당자들은 한국광복군의 조직을 원조하는 것이 자국의 항일전쟁에도 유익할 것으로 판단하고, 장개석에게도 이러한 사실을 보고하였다. 하지만 중국 측의 지원과 원조는 곧바로 이루어지지 않았다. 이에 임시정부의 김구가 자신이 한국광복군 조직을 위해 미국에 가겠다는 격동책을 중국 정부에 구사하였다. 그 결과, 1940년 5월에 중국 측의 요청으로 김구는 한국광복군 편성에 대한 계획서를 중국 측에 제출하였고

마침내 장개석의 승인을 얻게 되었다.

　마침 중국 국민당 정부도 내외적으로 위기를 맞고 있었다. 1938년 11월 이후 중일전쟁이 교착 상태에 빠지면서 장기전의 양상을 띠게 되었으며, 1939년부터는 국민당 정부가 반공정책을 강화함으로써 국공 양당의 통일전선이 붕괴되고 있었다. 이 시기를 전후하여 일본의 화평공작이 진행되었으며, 국민당 정부의 항전 의지도 동요되고 있었다. 이와 같은 사태에 직면하자, 중국 국민당 정부는 한국과 대만 등의 반일투쟁 세력과 결합하여 반일투쟁을 전개함으로써 항전 의지를 고취하고자 하였다. 대일 전선에 한국인, 대만인 등을 동원한다는 장개석의 구상은 당시 임시정부에서 제기한 한국광복군의 창설 계획 및 총동원 방략과 서로 통하는 것이었다.

　임시정부에서 자력으로 한국광복군의 창설을 추진할 수 있었던 데에는 특히 미주교포들의 재정적인 후원이 큰 힘이 되었다. 한국광복군 편성을 추진하면서 임시정부에서는 미주교포들에게 한국광복군 조직에 대한 지원을 요청하였는데, 이러한 의도는 미주 지역의 교포들에게 상당한 공감을 불러일으켰다. 미주의 『신한민보』에는 "한국광복군 조직은 3·1운동 이후 처음 있는 큰 사건"이라고 하면서, "힘이 있으면 힘을, 돈이 있으면 돈을 내라"라고 하면서 적극적인 모금활동을 전개하였다. 이는 당시 미주 한인사회의 한국광복군에 대한 기대를 잘 드러내준다고 하겠다.

　자력에 의한 한국광복군 건립이 결정되자, 우선 중경에 있는 독립군 간부 출신들을 중심으로 지휘부인 총사령부를 구성하였고, 하부 조직은 병력이 확보되는 대로 편제한다는 방침을 수립하였다. 이는 당시 중경에는 병력이 될 만한 인적 자원이 거의 없었기 때문이었다. 1940년 8월 4일에 먼저 구성된 총사령부는 총사령 이청천, 참모장 이범석李範奭 등을 중심으로 상층 조직의 면모를 갖추었다. 여기에는 김학규도 참모로서 적극적으로 참여하였다.

광복군 복장을 입은 김학규

총사령부가 구성되고 부대 편성에 대한 방침이 수립되자, 김구는 한국광복군 창설을 공식적으로 선언하였다. 1940년 9월 15일에 '대한민국 임시정부 주석 겸 한국광복군 창설위원회 위원장 김구' 명의로 '한국광복군선언문'을 발표하여 한국광복군 창설을 내외에 공포하였다. 이 선언에서 임시정부는 독자적이고 자주권을 가진 한국광복군을 창설하겠다는 의지를 드러내었고, 한국광복군의 성격 및 위상이 연합군임을 천명하였다.

한국광복군 창설을 공포한 임시정부는 1940년 9월 17일 아침 6시에 중경의 가릉빈관嘉陵濱館에서 한국광복군 총사령부 성립식을 개최하였다. 가릉빈관은 중경시를 끼고 흐르는 가릉강 기슭에 위치한 호텔로, 당시 중경 주재 연합국의 서방 기자들이 머물고 있었다. 이 성립식에는 한국광복군 총사령부 직원을 비롯한 임시정부 관계자들, 중국의 여러 인사

한국광복군 총사령부 성립 전례식, 연설하는 김구 주석 옆에서 통역하는 김학규

들, 중경에 와 있던 각국 외교 사절, 각 신문사 대표들이 초청되었다. 아침 6시는 예식을 거행하기에는 굉장히 이른 시각이었지만, 이는 하루도 빼놓지 않는 일본군 비행기의 공습이 시작되기 전에 예식을 전부 마치기 위해서였다. 내외 각계의 중요한 인사들을 초청한 까닭에 공습에 대한 고려를 하지 않을 수 없었던 것이다.

식장 정문에는 한국의 태극기와 중국의 청천백일기가 바람에 날렸으며, 식장 좌우 쪽에는 "초楚나라가 세 집이라도 진秦나라를 망케 할 수 있다(楚雖三戶可亡秦)", "단민檀民은 끝내 고국에 돌아간다(終見檀民還故土)" 등의 표어가 붙어 있어서 다시금 조국 광복의 결의를 다지게 하는 분위기를 자아냈다. 총사령부 장령들과 정부 및 의정원의 중진들은 물론 유

한국광복군 총사령부 성립 전례식 참석자 기념 촬영

치劉峙(중경 위수사령관), 왕관지汪觀之 국민당 중경시당부, 동방백東方白 시 경찰국, 장서만張西曼 중한 문화협회 기타 각 기관 단체 대표자와 신문 통신사 간부들 수백 명이 참석한 가운데 임시정부 주석인 김구의 주례로 식이 거행되었다. 김구 주석의 식사와 국무위원 겸 선전위원인 조소앙의 경과보고, 정부 대표 홍진의 훈사 등의 순서로 식이 진행되었다. 먼저 김구 주석은 식사를 통해 한국광복군 총사령부 성립의 의의를 강조하였다. 김구의 연설은 김학규가 중국어로 통역하였다. 임시정부는 이곳에서 성황리에 성립식을 거행함으로써 한국광복군의 창설뿐 아니라 임시정부의 건재함을 내외에 널리 알리고자 하였다.

총사령부를 먼저 창설한 한국광복군의 최대 급선무는 병력을 모집하는 일이었다. 한국광복군이 존립하는 기간 동안 지속적으로 전개되었던 대표적 활동의 하나가 병력을 모으는 초모활동이었다. 임시정부에서는 한국광복군 창설을 준비하기 위해 이미 1939년 11월에 서안으로 군사특파단을 파견하였다. 이들은 화북 일대로 이주해 온 한인들을 대상으로 선전 초모활동을 전개하였는데, 주 활동 지역은 산서성山西省의 임분臨汾 등지였다. 이와 동시에 모병활동을 추진하기 위한 별도의 기구로 징모분처가 수원성綏遠省 포두包頭, 강서성江西省 상요上饒, 안휘성 부양阜陽에 각각 설치되었다. 또, 1942년 7월에 조선의용대가 한국광복군 제1지대로 편입된 후, 호북성 노하구老河口와 절강성浙江省 금화金華에 각각 구대를 설치하여 초모활동을 전개했다. 그 결과 1945년 8월경에는 총사령부와 3개 지대를 편제하여 칠, 팔백 명의 병력을 확보하게 되었다. 모집된 인원들은 한국광복군훈련반, 한국청년 훈련반 등에서 교육훈련을 받았다.

광복군 선전활동 전개

한국광복군에서는 선전활동을 중시하였으며, 국제방송을 통한 국제선전도 전개하였다. 이는 임시정부와 한국광복군 총사령부에서 중경이 전시 수도이자, 각국 대사관이 모두 모여 있는 곳이라는 이점을 최대한 활용한 것이었다. 그밖에도 일본군에 대한 반일 전단을 살포하기도 하고,

중경 광파대하(대한민국 임시정부 및 한국광복군에서 국내외를 대상으로 선전방송을 했던 방송국)

기관지 『광복』을 발행하여 중국인들을 대상으로 한국 독립운동의 당위성을 널리 알리기도 하였다. 김학규는 『광복』에 필자로서 활발하게 글을 기고하기도 하였다.

한국광복군 창설 후 김학규는 한국광복군의 대일 항전과 당면공작을 알리는 선전활동을 적극적으로 수행하였다. 1943년 4월에 임시정부에서는 기존의 선전위원회를 내각의 한 부서인 선전부로 개편하고, 선전업무를 강화시켰다. 선전부는 일찍이 상해에서 한글판으로 간행하다가 1925년 9월에 중단되었던 정부 기관지 『독립신문』을 1943년 6월부터는 중국어판으로 속간하였다. 같은 해 11월 '카이로선언' 발표 이후에는 한·중·영 3개 국어로 선전 책자를 간행하였다. 1944년 4월부터는 중국

한국광복군, 『광복』 창간호 표지(1941. 2. 1)

국민당 선전부와 합작하여 중경 방송국을 통해 한국어 방송을 실시하기도 하였다.

이와 아울러, 한국광복군도 자체적으로 선전활동을 강화하였다. 한국광복군 총사령부 정훈처에 선전과를 설치하여 선전활동을 담당하도록 하였으며, 선전과에서는 선전활동의 총체적인 방침이나 방향을 설정하였다. 선전활동은 한국광복군의 창설 사실과 그 존재를 알리기 위한 것임은 물론, 그 활동상을 대내외에 알리는 동시에 국내외 동포들의 참여와 지원을 촉구하기 위한 것이었다.

한국광복군 창설 직후인 11월 12일에 총사령부 참모 김학규는 중경의 국제방송국에서 국내외 동포들을 대상으로 한 '한국광복군의 당면공작'이라는 주제의 방송을 하였다. 김학규는 이 방송에서 한국광복군의 창설 사실을 널리 알리고, 한국광복군이 추진해나갈 4대 당면과제를 제시하였다.

첫째, 모두가 성심성의로 일치단결하고 의지와 역량을 집중하여 국가독립 지상, 민족해방 지상의 원칙 아래 전국 인민이 계층과 당파의 구분 없이, 정성을 다해 모든 인력과 물력을 한국광복군에 집중시키는 것입니다. 그리하여 적에 대한 공격을 강화하는 것이 우리의 가장 중요한 업무 가운데 하나입니다. …

둘째, 우리가 당면한 중요한 임무이자 과제 가운데 두 번째는 한국광복군의 조직을 강화하는 것입니다. 국내에서 전개한 의병운동이나 만주에서 펼친 무장투쟁, 그리고 현재 중국 전장에서 진행 중인 항전투쟁 등은 모두 우리 한국광복군이 지난 30년간 거둔 영용하고 위대한 투쟁의 업적입니다. 그러나 한 가지, 이 위대한 투쟁에 참가한 우리의 각종 부대는 통일되지 못한 상태였습니다. 통일된 지휘명령 아래 조직적이고 계획적인 투쟁을 전개하지 못하였던 것입니다. 그 결과 투쟁 과정이 산만하고 각 부대 간의 의견이 맞지 않아 노력에 비해 소기의 성과를 거두지 못하였습니다. 이야말로 뼈저리게 가슴 아픈 일이 아닐 수 없습니다. …

셋째, 우리가 당면한 중요한 임무 가운데 세 번째는 선전과 훈련을 강화하는 것입니다. 간부를 훈련시기고, 군중을 훈련시키는 것은 본시 혁명 사업의 중요한 임무 가운데 하나입니다. 그러나 우리는 과거 군대의 정치 훈련이나 민간의 사회운동 등 각종 훈련에 대해 충분한 노력을 기울이지 못하였습니다. 이는 중대한 과오였음을 인정해야 할 것입니다. …

넷째, 유격전을 강화하고 주력전을 준비하는 것이 우리가 당면한 과제 가운데 네 번째 부분입니다. 우리가 이전에 적과 벌인, 지금 현재에도 적과 진행하고 있는 전투는 모두 유격전술을 채용하였습니다. 과거 3·1운동 당시의 민중 대폭동을 제외하고, 국내에서 벌인 의병운동이나 만주와 여타 해외 각지에서 펼친 무장투쟁은 모두 유격전쟁이 었습니다. 현재 중국 동북 4성에서 진행 중인 전투 역시 유격전쟁에 속하는 것입니다. … 한국광복군총사령부,『광복』창간호(1941. 2. 1.)

위에서 보는 바와 같이, 김학규는 한국광복군의 4대 당면과제로 첫째 전민족의 인력과 물력을 한국광복군에 집중시킬 것, 둘째 한국광복군의 조직 강화, 셋째 선전과 훈련의 강화, 넷째 유격전의 강화와 주력전의 준비를 제시하였다. 이와 같이 김학규는 한국광복군의 강화를 통해 독립전쟁을 수행하려했고 적극적인 선전활동을 통해 한국광복군에 대한 국제적 여론과 동정을 끌어내고자 하였다.

동북지역 독립운동사 집필

나아가 김학규는 한국광복군의 정신적인 뿌리라고 할 수 있는 만주 즉 중국동북지방에서의 독립군이 펼친 독립전쟁의 역사를 정리하였다. 김학규는 『광복』에 「지난 30년간 중국동북지방에서의 한국혁명운동」이라는 제목으로 3회에 걸쳐 기고하였다. 이러한 김학규의 작업은 한국광복군 성립의 역사적 정당성을 강조함으로써 임시정부와 한국광복군이 전개하는 독립전쟁의 대의명분을 널리 알리고자 하였던 것이다. 먼저 김학규는 동북지방에서의 한국혁명운동사를 본격적으로 서술하기에 앞서 다음과 같이 소회를 드러내고 있다.

중국 동북지역에서의 한국혁명운동은 30년의 유구하고 영광된 역사를 지니고 있다. 찬바람과 궂은비 속에서도 유명, 무명의 삼한의 투사들은 망국의 통한을 삼키며 애국의 열정을 불태웠다. 저들이 애써 이루어낸 피의 사적들은 실로 비장하면서도 눈물겨운 것이었다. 그러나 당시 한국혁명운동을 둘러싼 환경의 영향으로 우리는 선전공작을 소홀히 할 수밖에 없었다. 뿐만 아니라 수많은 우리의 귀중한 문서들이 적의 손에 들어가거나 땅 속에 묻혀 썩어가고 혹은 잿더미로 변하였다. 이로 인하여 우리가 이룬 많은 성과들을 제대로 증명하지 못하는 어려움에 처하였다. 지금은 계통적이고 충분한 자료는 고사하고 단편적인 문헌을 찾는 것조차 어려운 상황이다. 이 얼마나 애석하고 한탄스러운 일인가! 기자는 동북의 전장에서 생장하여 십 수 년간 혁명운동에 종사하였다. 그러나 나이가 너무 어린 관계로 기껏해야 열 가운데 한 둘 정도나 알고 있을까 우리 선배들이 이루었던 혁혁한 사적의 전모를 제대로 알지 못한다. 따라서 누군가가 나에게 중국 동북지역에서 펼쳐졌던 한국혁명운동의 진모를 원견히게 기록해내라고 한다면 감히 그럴 자신도 없거니와 애당초 불가능한 일이 아닐 수 없다. 여기에 기술할 내용은 순전히 내가 어렸을 때 귀로 듣고 눈으로 본 것과 조금 성장한 뒤 직접 경험한 것들에 불과하다. 이제 생각나는 대로 이것들을 정리하여 독자들에게 참고로 제공할까 한다.

김학규는 동북지역에서의 한국혁명운동이 30년의 역사를 가지고 있음에도 불구하고 귀중한 문서들이 적의 손에 들어가거나 소실되는 바람에 혁명운동의 성과들을 증명하지 못하는데 대해 안타까운 마음을 토로

김학규가 『광복』 창간호에 실은 한국광복군 당면공작 관련 기고문

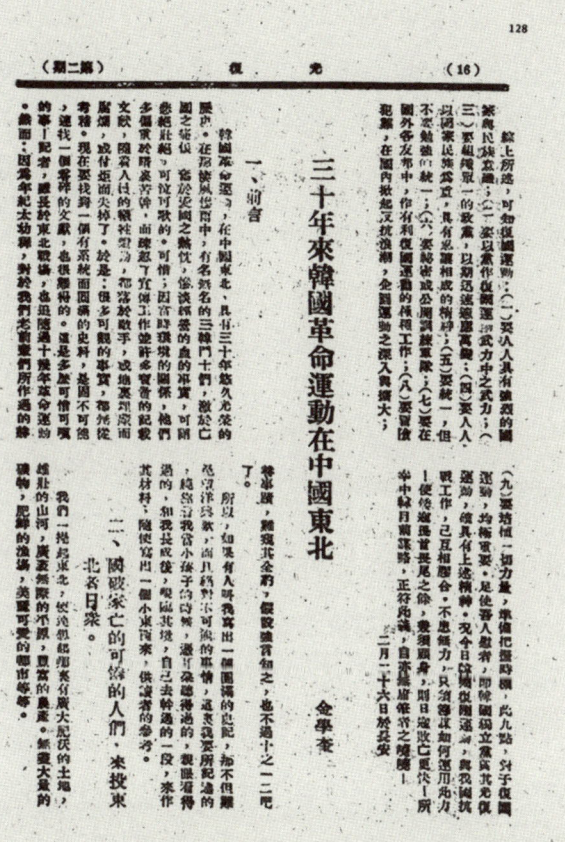

김학규가 『광복』에 실은 동북지방 독립운동사 관련 기고문

하였다. 그러면서 그는 자신이 동북에서 십 수년간 혁명운동에 종사하면서 듣고 본 것을 정리하여 기술하였다.

그는 먼저 각 방면의 통계에 의하면 동북에 거주하는 한인은 이미 200만 정도에 이르고 있다고 하였다. 나아가 들리는 소문에 의하면 일제는 향후 20년 내에 800만 명의 한인을 동북으로 몰아내려 계획하고 있다고 하였다. 만일 이 '악랄한' 계획이 예정대로 실현되면 3천 만이 채 안 되는 한인은 앞으로 50년 내에 완전히 한국 밖으로 축출되어 한반도 내에서는 단 한사람의 한인도 찾아볼 수 없게 될 것이라고 경고하였다.

계속하여 김학규는 한인의 동북이주사를 크게 3단계로 나누었다. 제1기는 조선 말기부터 1910년 경술국치까지의 시기이다. 이 시기 국내에서는 대흉년이 들었는데 굶어죽을 위기에 처한 백성들은 부득이 금령을 어기고 살길을 찾아 동북이나 러시아 연해주로 월경하였다. 다만 이 무렵 월경한 이들의 숫자는 많지 않았고 이주한 지역도 압록강·두만강 연안 일대에 그쳤다. 제2기는 1910년부터 1932년 9·18사변이 발발하기까지의 시기이다. 이 시기 한국은 명실상부한 '왜구'의 식민지가 되었고 한인은 총칼을 앞세운 '왜구'에 의해 닥치는 대로 유린되었다. 망국의 쓰라림을 맛본 한인은 국내에서는 이미 생명과 재산을 유지할 보장이 없음을 깨닫게 되었다. 그리하여 야수와 같은 저들의 폭압을 피하기 위해 부득이 눈물을 머금고 조상대대로 살아온 고향을 등지게 되었던 것이다. 갓난아이와 노인을 포함한 수많은 한인이 무리지어 속속 동북으로 모여들기 시작하였다. 당시 이주한 인원과 지역은 그전에 비해 훨씬 많고 광범위하였다. 제3기는 1931년 9·18사변 이후부터이다. 일제는 동북을 강점한 뒤 이른바 대륙정책을 실현하기 위한 목적에서 악랄한 수단과 방법으로 다수의 한인을 동북으로 내몰았다. 다수의 한인이 저들의 이민정책에 의해 동북으로 이주하였다고 기술하였다.

김학규는 이상 3시기로 나누어 한인의 동북이주사를 살펴본 다음 제1기의 이민은 순전히 기황으로 인하여 일어난 것으로 아무런 정치적 의미가 내포되어 있지 않다고 분석하였다. 제2기와 3기 이민의 경우에는 정치적 색채가 짙게 깔려 있다. 특히 제2기의 이민 가운데는 애국지사들이 한인들을 계획적으로 동북으로 이주시킨 경우가 적지 않았다. 따라서 동북지역에서 펼쳐진 한국의 혁명운동은 이때부터 본격적으로 시작되었는데, 다시 동북지역 한국혁명운동을 3단계로 구분해 파악하였다. 즉 동북지역 한국혁명운동의 발전단계는 1910년 경술년부터 1919년 기미년 3·1운동 때까지를 제1단계, 이어 1919년부터 1931년 9·18사변 발생까지를 제2단계, 1931년부터 현재까지를 제3단계로 설정하였다.

먼저 제1단계 혁명운동은 1910년 경술년부터 1919년 기미년 3·1운동 때까지이다. 김학규는 경학사를 동삼성 한국인 혁명결사의 개시로서, 동북 한국혁명운동의 선성先聲이자 효시嚆矢라고 평가했다. 독립운동 및 독립군 기지 건설운동을 전개하기 위해 1911년 서간도에 온 독립운동자들이 첫 사업으로 한 것이 경학사의 조직과 신흥강습소의 설립이었다. 이어 부민단, 한족회 등의 단체를 소개하였는데, 1919년에 이르러 국내에서 3·1운동이 발생하면서 국외의 한국혁명운동도 새로운 단계에 접어들었다고 보았다.

제2단계는 1919년 3·1운동부터 1931년 9·18사변까지의 혁명운동이다. 제1차 유럽전쟁이 막바지로 치닫고 있던 1918년, 미국대통령 윌슨의 '민족자결론'에 고무되어 1919년 3월 1일 손병희 등 33인의 영도 아래 기의한 대한민족은 정의의 깃발을 높이 들고 포악한 왜노에 맞서 3·1운동이 전개되었는데, 이를 한국혁명사상 신기원이라고 하였다. 그 후 대한민국 임시정부가 조직되었으며 서간도에서는 한족회, 대한독립단, 신흥무관학교, 신흥학우단, 대한통군부, 통의부, 참의부 등이 나타났으며 1928년 삼부통합운동 이후 국민부와 조선혁명당(군), 한족연합회와 한국독립당(군)이 출현하여 활발한 독립운동을 전개하였다고 소개하였다.

제3단계는 1931년 9·18사변부터 1941년 김학규 자신이 이 글을 집필하던 시점까지의 혁명운동이다. 1931년 일본군의 동북 점령 이후 한국 혁명운동은 중국과 합작함으로써 새로운 단계에 접어들게 되었다고 하였다. 김학규는 9·18사변 이후 조선혁명군이 중국 의용군과 합작하여 전개했던 대일 전투 등의 활동상을 상세하게 기술하였다. 물론 1934년 이후 동북에서 활동하던 조선혁명군의 활동상에 대해서도 지면을 할애하여 소개하였다. 마지막으로 김학규는 1934년 관내지역으로 이동한 이후 김학규 자신이 참여했던 관내지역 독립운동정당의 통합운동과 1940년 관내지역 민족주의 계열 3당이 합당하여 조직한 한국독립당의 당의, 당강, 당책을 소개하면서 글을 마무리하였다.

김학규는 이상의 3회에 걸친 기고문을 기초로 하고 관련내용을 추가로 집필하고 보완하여 이를 단행본으로 출간하고자 하였다. 그러나 실물이 확인되지 않고 있는 것으로 보아, 당시의 열악한 제반 여건상 간행되지 않았을 가능성이 크다. 물론 김학규의 기고문은 적지 않은 시간이 흘렀고 게다가 관련자료를 활용할 수 없는 사정으로 인해 사실 관계의 오류가 없지 않고, 그리고 동북지역의 한국 혁명운동에서 김학규 자신이 경험한 민족주의 계열의 독립운동을 위주로 서술하고 있다는 점에서 한계가 없지 않다. 이는 김학규 개인의 한계이기도 하지만 시대적인 한계로도 볼 수 있다. 이러한 점을 감안한다면 김학규의 글은 동북지역 한국 독립운동에 대한 제1차 자료가 많지 않은 오늘날의 실정에 비추어 독립운동진영의 주체적인 모습을 살펴 볼 수 있는 훌륭한 자료로 보인다. 또한 실제로 김학규의 동북지역 독립운동사 기록은 오늘날 만주지역 독립운동사를 연구하는데 빼놓을 수 없는 자료로 활용되고 있다.

한국광복군 제3지대의 창설과 활동

전선으로의 이동과 초모 활동

1940년 한국광복군 창설 직후 김학규는 총사령부의 사무 및 선전사업 분야에서 활동하였다. 임시정부는 한국광복군 총사령부를 동년 11월에 전선에서 비교적 가까운 서안으로 옮겼다. 이때 총사령관과 참모장은 중국 정부와 군에 관한 사무에 대해 협의할 문제가 남아 있어 중경에 잔류하였다. 이에 황학수가 총사령 대리로, 김학규가 참모장 대리로 임명되었는데, 이들은 서안 이부가二府街에 사령부를 설치하고, 적후방 공작을 적극 추진하였다. 총사령부 예하에 5개 지대가 편성되어 있었는데, 김학규는 제2지대장에 임명되었다. 김학규는 제2지대장 겸 참모장으로 복무를 하다가 조선의용대가 제1지대로 편입되자, 1941년 7월에 제2지대장을 이범석에게 인계하였다.

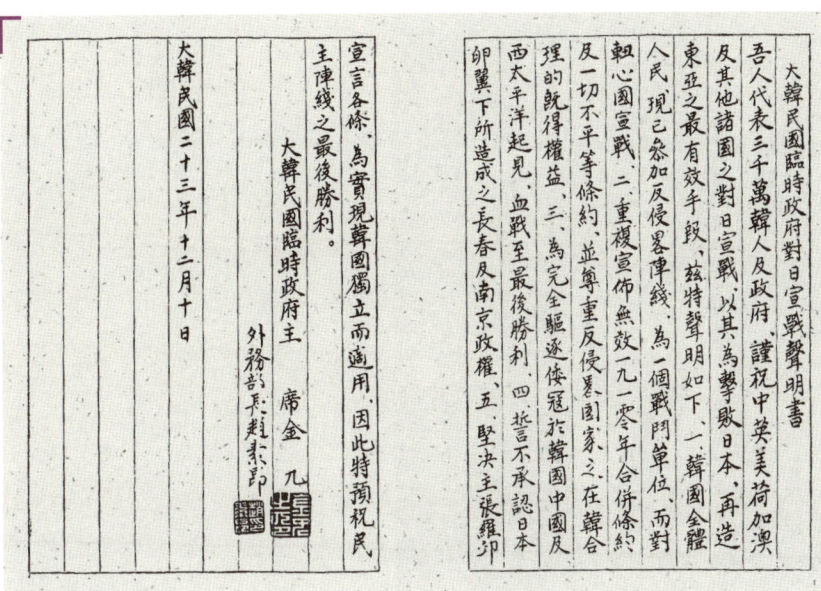

임시정부의 대일선전 성명서

    1942년에 접어들면서 군부무에서는 김학규에게 시안보다 더 전선과 가까운 산동반도로 가서 초모공작을 할 것을 지시하였다. 한반도로 진출하기 용이한 산동반도는 전략적으로 매우 중요한 곳이었다.

    원래 제3지대는 편제상으로만 존재할 뿐, 제1지대나 제2지대처럼 실제로 대원들에 의해 구성된 조직은 아니었다. 편성 당시 제3지대에는 지대장만 있었고, 대원들은 없었다. 그렇지만 1941년 10월에 열린 임시의정원 회의의 군사에 관한 보고에는 "춘하간春夏間에는 제1·2·3지대의 책임자들과 징모처 제3분처의 책임자가 동지들을 대동하고"라는 내용이 제시되어 있는데, 이로 보아 제3지대는 이미 편제되어 있었음을 알 수 있다. 1942년 4월, 제3지대는 징모처 제6분처라는 이름을 갖고 안휘성 부양으로 떠났는데, 이때 제3지대의 인원 구성은 다음과 같다.

지대장: 김학규

간부: 오광심, 신송식, 서파, 신규섭, 김광산, 지복영, 오희영

이청천 총사령, 김학규 참모, 왕계현 중국군 장교

지대장은 당시 총사령부 참모장 대리를 맡고 있던 김학규였다. 한국광복군 창설 당시에는 총사령부 참모로, 총사령부를 서안으로 이전한 후에는 참모장 대리로 있으면서 제3지대장을 겸임하였던 것이다.

제3지대는 징모처 제6분처가 발전하여 성립된 지대였다. 한국광복군은 창설과 동시에 병력 확보를 위해 군무부 산하에 제1, 2, 3, 5의 4개 분처를 설치하고 각지로 파견하였다. 제1, 2, 5분처는 한국광복군의 제1, 2, 5지대가 그 임무를 함께 수행하였으므로, 실제로 군무부 산하에 있던 것은 강서성 상요 지역의 제3분처 뿐이었다.

군무부는 모병 업무를 강화하기 위해 서안에서 징모처 제6분처를 편

성하여 1942년 초에 산동성山東省으로 파견하였다. 징모처 제6분처는 1942년 2월에 제3지대장인 김학규를 주임으로 하여 오광심, 신송식, 서파, 김광산, 신규섭, 지복영, 오희영 등 8명으로 편성되었다.

김학규가 이끄는 징모처 제6분처의 공작활동은 산동반도를 목표로 하였다. 산동반도는 화북의 요충지이자, 국내와 만주 지역의 교포들과 연락이 용이한 지점이었다. 또, 그곳에는 김학규가 잘 아는 중국군 제51군의 우학충于學忠 장군이 주둔하고 있었다. 산동반도를 향해 서안을 출발한 김학규 일행은 목적지에 도달하지 못한 채, 어쩔 수 없이 그 중간 지점인 안휘성 부양에 정착하였다. 이들이 부양에 도착했을 때, 일본군과 팔로군의 협공을 받아 대타격을 입은 우학충의 제51군이 이곳에 철수해 있었다.

이로써 이들은 더 이상 진출하지 못하였고, 징모처 제6분처의 거점은 안휘성 부양에 마련되었다. 당시 부양은 일본군의 포위망 속에 있었으며, 일본군의 점령 지역과도 근접해 있다. 그 때문에 적후에서 초모공작을 전개하는 데에는 부양이 더없이 유리한 지점이기도 하였다. 또, 중일전쟁 이후 안휘성, 강소성, 산동성, 하남성 등의 피난 정부가 이곳에 있었고, 서북으로 60km 떨어진 임천臨泉에는 탕은백湯恩伯이 사령관인 중국군 제10전구 전방사령부와 중국 중앙육군군관학교 제10분교, 그리고 진대경陳大慶 장군의 제28집단군 사령부가 주둔하고 있어서 이들이 활동하는 데에 유리한 배경이 되었다.

김학규의 징모처 제6분처는 부양 시내의 호정원항胡井院巷에 한국광복군 초모위원회라는 이름의 간판을 내걸고 부양을 근거지로 하여 초모공

한국광복군 제3지대 일동(1945)

작을 전개하였다. 이들의 초기 활동은 지하공작을 통해 적 점령지구에 거점을 확보하는 것이었다. 주요 공작 지역은 방부, 서주, 남경, 귀덕, 안경, 개봉, 청도, 천진 등이었으며, 공작원으로는 서파, 김광산, 신규섭이 파견되었다. 그러나 초창기의 초모공작은 별다른 성과를 거두지 못하였다.

한국광복군훈련반 운영과 광복군 제3지대의 창설

초모공작이 뚜렷한 성과를 거두기 시작한 것은 1944년부터였다. 그동안 꾸준하게 전개된 지하공작을 통해 적 점령지구에 있는 교포청년들

한국광복군 제3지대 훈련 모습(1945)

한국광복군 제3지대 본부 의무대원 일동

이 포섭되기 시작하였다. 이 무렵에는 국내에서 징집되어 중국 전선에 배치된 한인 학도병들이 대거 일본군을 탈출하는 일이 있었다. 1944년 1월 20일에 반도인 학도육군특별지원병으로 일본군에 입대한 학도병들이 2월 중순 무렵에 서주, 양주, 태원, 남경 등 중국 전선에 투입되었는데, 이 과정에서 학도병들이 연이어 일본군을 탈출한 것이다.

초모된 교포청년들과 일본군을 탈출한 학도병들은 지하공작의 연락대원들을 통해, 또는 중국 국부군 유격대의 협조와 안내를 받아 부양으로 집결하였다. 1944년 9월경에 이르면 그 숫자는 기존의 기간요원들을 포함하여 70여 명을 헤아리게 되었다. 한편 이들의 희생도 적지 않았다. 1945년에 김학규가 김구에게 보고한 것을 보면 적후방 공작 중 일제에 체포되는 경우가 적지 않다는 사실을 알 수 있다. 보고 내용은 다음과 같다.

한국광복군 요원에 대한 일본의 적극적인 수색 때문에 9명의 요원은 보다 철저한 무장이 필요하며, 그러한 준비를 마친 후 파견해야 하므로, 곧 추가 자금을 요청할 것입니다. 2월 10일 북평 일본 감옥에 있던 김승근(?)이라고 하는 북평 주재 요원이 자살했습니다. 체포당하기 직전 그는 탄약이 떨어질 때까지 최후까지 저항하여 5명의 일본 순경과 3명의 스파이를 살상하였습니다. 濟南에 있던 李英秀 요원은 1월에 체포되었습니다. 商丘에 있던 石萬金과 趙東林 요원은 뛰어난 활동을 전개하다가 5월 2일 체포되었습니다. 蚌埠(安徽省) 요원인 金允澤과 金龍澤은 12월에 체포되었습니다. 위에서 제시한 모든 이들에 대해서는 완벽한 보안이 유지되

한국광복군훈련반 졸업 기념(1944. 10. 22)

고 있습니다.

일본군을 탈출한 한인청년들은 일정한 교육과 훈련을 거쳐 한국광복군으로 편입되었다. 김학규는 이들에 대한 교육과 훈련을 위해 중국군 제10전구 사령관 탕은백과 교섭하여 부양 근처의 임천에 있는 중앙육군군관학교 제10분교에 한국광복군훈련반(약칭 한광반)을 설치하였다.

그리고 초모해 온 청년들과 일본군에서 탈출한 학도병들을 모두 이곳에 입교시켰다. 군사훈련은 중국군 교관이 담당하였고, 정신 교육은 김학규를 비롯하여 신송식, 조편주, 이평산 등이 직접 담당하였다. 한광반의 교육과 훈련은 1944년 5월 중순부터 10월 하순까지 5개월에 걸쳐 진행되었으며, 이 과정을 졸업한 사람은 모두 48명이었다.

졸업생 중 36명은 중경 총사령부로 갈 것을 지망함에 따라 이들 36명을 비롯하여, 일부 기간요원 및 기타 부녀자들을 포함한 53명이 1944년 11월에 신송식의 인솔 하에 임천을 떠나 중경으로 향하였다. 중경에 도착한 후, 이들은 임시정부를 비롯하여 총사령부와 임시정부의 경위대警衛隊, 그리고 서안에 있는 제2지대로 각각 배속되었다.

한편 졸업생 중 12명은 부양에 잔류하였다. 그때 부양에 남은 김국주, 이동진, 윤창호, 배경진, 한성수, 김이호, 변영근, 김용호, 윤영무, 차약도, 김우전, 김규열 등이 제3지대 창설의 주역이 되었다. 이들은 본부요원과 신입대원에 대한 교육과 훈련을 담당하기도 하였지만, 대부분 적 점령지역으로 나가 초모공작을 전개하는 지하공작 대원으로 활동하였다.

이후 김학규는 초모공작을 더욱 활발하게 전개하였다. 이에 대해 군무부에서는 다음과 같이 보고하고 있다.

> 부양 초모위원 김학규 부部의 성적이 최가最佳하여 51명의 제1기 한광반 필업생을 산출하였고, 지금 부양에 50여 명이 주유住留한 외에 내지 만주 윤함구淪陷區 등 각 중요 거점에 50여 명의 공작 동지가 선전조직 초모 등

한국광복군훈련반 농구팀과 지대장 간부 일동(1944)

한국광복군훈련반 졸업생 중경 파송 기념(1944. 10. 27)

한국광복군 제3지대의 창설과 활동

공작에 적극 노력 중임.

이와 같이 김학규가 이끄는 징모처 제6분처의 초모활동은 커다란 성과를 거두었다. 군무부장은 임시의정원에 대한 보고에서 1945년 3월 말 현재 제3지대의 인원을 관좌 4명, 대원 112명, 사병 3명 등 모두 119명이라고 밝혔다. 1944년 11월 한광반 출신을 비롯하여 모두 53명을 중경으로 이송한 것까지 포함한다면, 징모처 제6분처는 3년여의 기간 동안 거의 160여 명 정도의 인원을 초모 확보한 셈이다. 군무부에서 1945년 3월 말 현재 초모공작에 의해 획득된 인원을 339명으로 보고한 것을 보면, 징모처 제6분처에서 초모한 160여 명은 한국광복군 전체에서 초모한 인원의 약 절반을 차지하는 것이었다. 처음 8명으로 출발한 것에 비하면 장족의 발전이었다.

징모처 제6분처의 인원이 크게 증가하자, 총사령부에서는 징모처 제6분처를 제3지대로 개편하였다. 총사령 이청천은 군무부 및 통수부에 제3지대 편성을 요청하였고, 통수부 판공청에서는 제3지대의 편성 및 설치를 승인하였다.

그동안 명목상으로만 있던 제3지대가 공식적으로 출범하자, 총사령부에서는 지대 편성을 위해 간부들을 파견하였다. 지대장으로는 김학규가 취임하였다. 총사령부 고급 참모인 이복원을 부지대장으로, 엄홍섭을 정치지도원 겸 OSS 훈련 책임자로, 박영준을 구대장으로 각각 임명하여 발령하였다. 제3지대 성립식은 1945년 6월 30일에 부양극장에서 거행되었다. 이로써 한국광복군의 한 단위 부대인 제3지대가 공식적으

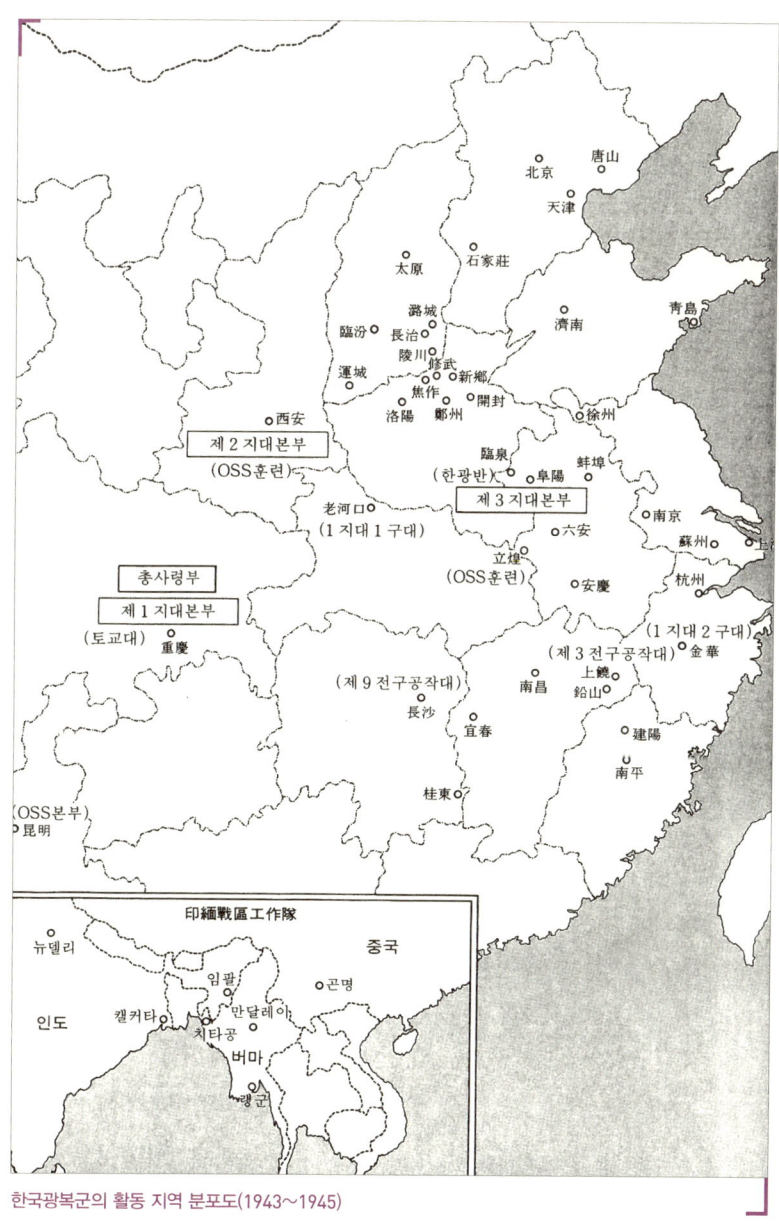

한국광복군의 활동 지역 분포도(1943~1945)

한국광복군 제3지대 성립경축전례 기념촬영(1945. 6. 30)

로 성립되었다.

제3지대가 성립됨으로써 한국광복군은 그 단위 부대로 제1, 제2, 제3지대 등 모두 3개 지대를 갖추게 되었다. 제1지대와 제2지대는 각각 조선의용대와 한국청년전지공작대를 기간으로 하여 성립, 발전된 것이었다. 이에 비해 제3지대는 총사령부에서 간부가 파견되기도 하였지만, 순전히 징모처 제6분처에서 3년여에 걸친 초모활동을 통해 획득한 대원들을 기반으로 하여 성립된 단위 부대였다.

한국광복군 제3지대의
한미공동작전 수행

태평양전쟁 발발 후 한미공동작전 모색

임시정부를 비롯한 해외의 독립운동 진영에서는 태평양전쟁 발발 이전부터 장차 미일전쟁이 발발하게 될 것이며, 그렇게 되면 일본은 반드시 패망할 것이라고 전망하였다. 그리고 일본이 패망하면 한국도 당연히 독립을 되찾을 수 있을 것이라고 낙관하였다.

태평양전쟁이 발발하자, 해외의 독립운동 진영에서는 "피할 수 없는 운명적 충돌이 드디어 일어났다."라며 환호하였다. 임시정부는 즉각 대일 선전포고를 발표하였으며, 포고문을 미국, 영국, 일본, 소련 등 4개국에 발송하였다. 이어 12월 19일에는 임시정부 외무부장 조소앙 명의로 미국 대통령에게 공문을 보내어 연합국의 일원으로 대일전에 참전할 뜻을 천명하였다. 동시에 연합국으로부터 승인을 받아 연합국의 일원으로서 대일전쟁에 참여한다는 원대한 계획을 실천에 옮기고자 하였다.

1945년에 들어서면서 미군은 일본 본토를 목표로 북상 작전을 가속화하였다. 미군은 2월에 유황도硫黃島를 점령하고, 4월 초에는 오키나와에 상륙작전을 개시, 6월 말에는 이곳을 완전히 점령하였다. 그리고 일본 본토에 대한 공습을 맹렬하게 전개하였다. 이와 같은 상황은 북규슈北九州 지방 상륙, 또는 대한해협 돌파를 위한 기지로서 미군의 제주도 공격 가능성을 높여 주고 있었다. 이에 대해 일본군은 미군의 제주도 상륙시기를 1945년 10월 이후로 예상하고, 이에 대비해 육지의 병력을 제주도로 이동시켜 전력을 증강시키고 섬을 요새화하였다.

미군의 제주도 및 나아가 한반도, 일본 본토에 대한 상륙작전이 예상되는 상황 속에서 임시정부에서는 제주도를 항일 근거지로 한 대일전 수행전략을 세웠다. 즉, 임시정부의 주석 김구는 7월에 중국 전구 미군 총사령관 웨드마이어Albert Wedemeyer에게 편지를 보내 "미군이 조선 남부의 제주도를 해방시켜 주면 미군의 협조 하에 임시정부가 제주도에 들어가 전 한국인을 영도해 미군의 작전을 돕겠다."라고 제의하였다. 이는 임시정부 및 한국광복군이 제주도를 거점으로 하여 한반도 진입을 시도하려는 전략이었다.

이렇듯 임시정부 및 한국광복군은 창설 직후부터 끊임없이 연합군, 특히 미국과의 군사합작을 모색하고 교전단체의 일원으로서 대일전에 참전하고자 하였다. 이는 대일전에서 교전단체로 참여하여 전후 한반도 문제를 처리하는 과정에서 발언권을 행사하겠다는 방침을 실천하기 위한 노력의 일환이었다.

임시정부 및 한국광복군 수뇌부에서는 연합국, 특히 태평양전선에서 일본군을 격파하면서 북상하고 있는 미국을 향하여 적극적인 전시참전 외교를 전개하였다. 또, 한반도 문제에 부정적이던 미국 정부도 태평양전쟁 발발 이후 대일전을 효율적으로 수행하기 위해 해외의 한인 독립운동 세력을 활용하고자 하였다. 이와 같은 양측의 전략적 이해가 맞아 떨어져 1945년 초부터 한국광복군과 미국 전략첩보국Office of Strategic Services(이하 OSS)의 합작훈련에 대한 교섭이 본격적으로 이루어졌다.

한국광복군과 OSS의 합작은 1944년 10월에 한국광복군 제2지대장 이범석이 중국 전구 OSS의 비밀첩보과(SI) 책임자에게 한국광복군과 OSS의 합작을 제의한 데서 비롯되었다. 이범석은 미국 측에 한국광복군 대원들을 훈련하여 전략적인 정보를 수집할 것을 제의하였다. 그리고 장래 한국에서의 연합군의 작전을 돕기 위한 혁명세력으로서 한국 내 지하세력을 조직화하고, 이들과의 정기적인 접촉을 유지하기 위해 훈련된 한인 집단을 한국에 파견할 것도 요청하였다. 이범석은 이러한 계획을 통해 한반도에 대한 첩보 침투뿐만 아니라 일본 본토에 대한 침투도 가능할 것이라는 주장도 덧붙였다.

중국 OSS 비밀첩보과에서는 주로 싸전트Clyde B. Sargent 대위가 이범석과의 교섭을 담당하였다. 이범석과 싸전트는 여러 차례 만나 양측의 합작을 협의하였다. 이때 이범석이 강조한 것은 일본군에서 탈출한 한인 청년 수백 명을 미국이 훈련시켜 연합군의 대일전쟁에 투입하자는 것이었다.

이러한 상황에서 1945년 1월 31일에 한국광복군과 OSS의 합작이 급

진전될 수 있는 계기가 만들어졌다. 그것은 바로 일제에 의해 중국전선에 학병으로 끌려왔다가 탈출한 한인청년들이 중경의 임시정부로 찾아온 일이었다. 이 사건은 중국, 미국 등의 이목을 집중시켰다. 이들 학병 출신들은 국내에서 온 지 얼마 되지 않았고, 일본군에서도 복무하였기 때문에 정보 원천으로서의 가치가 매우 컸다. 마침 OSS도 이들 학병 출신 한국광복군 대원들의 존재에 주목함으로써 한국광복군과 OSS의 합작 교섭은 활기를 띠게 되었다.

한국인을 첩보원으로 활용하고자 하는 OSS의 계획은 한국광복군과 연계한 '독수리작전Eagle Project'의 형태로 구체화되었다. '독수리작전' 안은 1945년 2월 14일에 중국 전구 OSS의 비밀첩보과에서 처음 작성한 것이다. 이 작전 안은 2월 27일에 중국 주재 OSS 비밀첩보 담당자인 헬리웰Paul Helliwell 대령의 명의로 워싱턴 OSS 본부에 보고된 후, 검토를 거쳐 승인되었다. 그 후 OSS 총수 도노반William J. Donovan과 중국 주둔 미군 총사령관 웨드마이어의 최종적인 승인을 얻었다. 이러한 과정을 거쳐 결정된 '독수리작전'은 다시 임시정부 및 한국광복군과의 협의를 거쳐 실행에 옮겨졌다. '독수리작전' 계획서에 의하면, 처음에는 60명의 요원을 선발하여 3개월 동안 첩보와 통신훈련을 실시하고, 이들 요원들을 훈련시킨 후 한반도의 5개 전략 지점(서울, 부산, 평양, 신의주, 청진)에 침투시킨다는 것이었다.

한국광복군 제2지대의 OSS 훈련은 1945년 4월에 임시정부와 중국 전구 미군 총사령부의 최종적인 승인을 얻게 되었다. 1945년 5월부터 서안 두곡杜曲의 한국광복군 제2지대에 이른바 '독수리작전'을 위한 훈련이 시작되었다. 임시정부와 한국광복군 총사령부 합작훈련에 대한 전폭적인 후원을 보냈다. 또, OSS 측도 자국 정부의 방침에 따라 임정 승인을 유보한 바 있지만, 유능한 한인요원의 확보나 한반도에 대한 첩보 침투라는 현실적인 문제를 고려하지 않을 수 없으므로 임시정부나 한국광복군의 협조와 지원에 크게 의존하게 되었다.

합작훈련 제1기 훈련생으로는 학병 출신들과 기존의 제2지대 대원들 중에서 50명의 적격자들이 선발되었다. 이들은 주로, 장차 한반도에 침투해서 적의 중요 군사시설에 대한 정보를 수집하는 첩보훈련과 이 정보를 무전으로 주중 OSS에 타전하기 위한 통신(무전)훈련을 하였다. 그 밖에 일본에 대한 심리전 기술, 연합군의 공중폭격이나 상륙작전을 전개하기 위한 기초 작업으로서의 기상학교육도 강조되었다. 훈련이 본격적으로 진행되면서 50명 가운데 12명은 부적격자로 판정되어 탈락하고, 약 3개월 후인 8월 초에 38명이 훈련과정을 수료하였다. 훈련이 진전되는 가운데, '독수리작전'은 장차 한반도 내에서의 첩보활동을 준비하기 위해 서안을 주 기지로 하는 외에도 산동반도에 '독수리 제2기지'를 설치하고자 하였다.

한국광복군 제3지대의 한미공동작전 추진

서안의 한국광복군 제2지대와 더불어 안휘성 부양의 제3지대도 김학규의 지휘 하에 OSS와 교섭하여 합작훈련을 실시하였다. 1945년 1월경에 안휘성 임천의 중국군 제10전구 전방지휘소에 한국광복군 제3지대 연락장교로 파견되었던 김우전은 임천 근처 사만(謝灣)에 있는 미 제14항공대(American 14th Air Force) 연락참에 근무하고 있던 버취John M. Birch 대위를 만나 그에게 한국광복군의 무전훈련을 제의하였다. 그리고 이를 지대장 김학규에게 보고하여 무전훈련을 실시하기로 하였다.

1945년 2월 28일, 지대장 김학규는 중경과 곤명에서 미국 측과의 합작문제를 중국 및 미국 상부기관과 직접 교섭하기 위해 김우전, 버치와 함께 임천을 출발하였다. 3월 13일에 김학규 일행은 곤명에 도착하여 미 제14항공대 사령관 첸놀트Claire L. Chennault 장군과 면담하였다. 한미공동작전에 관한 계획을 설명한 결과, 한미군사합작계획은 물론 세부 계획과 구체적인 실시 방안까지도 합의를 보게 되었다.

한미군사합작 합의 사항

① 한·미 양군은 공동의 적인 일본군을 박멸하기 위하여 상호협력하여 공동작전을 전개한다.
② 한국광복군은 미군으로부터 무전기술과 기타 필요한 기술을 훈련받고, 적진 한반도에 잠입하여 연합군 작전에 필요한 군사정보를 제공한다.
③ 미군은 공동작전에 필요한 모든 무기, 기재 및 군수 물자를 한국광복군에게 공급한다.
④ 미군은 한국광복군에게 육·해·공 교통 통신의 편의를 제공한다.
⑤ 기타 필요한 군사적 지원을 상호 제공한다.
⑥ 합의된 사항을 실천하기 위하여 각기 상부의 재가를 받고, 중국군사위

윔스 대위의 한국광복군 제3지대 방문 기념(1945)

원회의 동의를 얻는 데 상호 적극 노력한다.

김학규 일행은 3월 16일 곤명에서 중경으로 가서 임시정부 및 한국광복군 지도부에 교섭 경과를 보고하고, 재가를 받았다. 당시는 제2지대의 이범석도 주중 OSS의 정보장교 싸전트 대위와 합작 교섭을 벌이고 있었다. 이때 김학규는 이범석이 지휘하고 있던 제2지대에서 토교의 학병 출신 한국광복군 대원들을 주축으로 하여 OSS와의 합작훈련을 실시한

한국광복군 제3지대 방문 시 간부들과 윔스 대위(1945)

다는 사실을 알게 되었다.

　미국 측과 일련의 교섭을 마친 김학규는 1945년 4월 하순, 엄도해를 대동하고 안휘성 부양으로 돌아갔다. 김학규가 무전 기술에 밝은 엄도해를 부양으로 데리고 간 것은 제3지대 대원들의 무전훈련을 위한 사전 준비 차원이었다. 한편, 김학규와 함께 곤명과 중경에 갔던 김우전은 한국광복군 연락장교로 곤명 OSS 본부에 근무하게 되었다.

　부양으로 돌아온 김학규는 OSS 훈련을 위한 준비 작업에 착수하였다. 1945년 6월 30일에 징모처 제6분처가 제3지대로 승격되면서 합작훈련에 대한 사항이 최종적으로 결정되었다. 총책임자에 엄도해, 훈련 대장에 윤영무 등 22명의 대원이 선발되었고, 그들은 이튿날 안휘성 남쪽의 입황立煌으로 출발하였다.

　1945년 7월 7일, 입황 부근의 훈련소에 도착한 이들은 미군복과 미군용 보급품을 지급받고 3개월 동안의 훈련을 시작하였다. 미국 측 교관은 미군 장교 1인, 하사관 2인이었다. 한국어와 한인 독립운동 진영의 내부 상황에 밝았던 윔스C. N. Weems도 제3지대의 고문 자격으로 훈련에 관여하였다. 윔스는 여러모로 한국과 인연이 깊은 미국인이었다. 그는 개성에서 전도 사업을 하였던 목사의 아들로, 태평양 전쟁기에 OSS에서 활동하였다. 1943년까지 미국 서해안 지역에서 한인에 대한 공작을 담당하였으며, 이후 중경으로 건너가 임시정부 관계 공작을 담당하였다. 미군의 남한 점령 직후 맥아더 사령부에 의해 하지와 아놀드의 정치 고문으로 파견되었다. 오랜 공작 경험으로 미주의 한인들과 중경 임시정부 요인들에 대해서 어느 누구보다 해박하고 실제적인 정보를 가지고 있다고 평가되고 있었다.

　합작훈련의 주된 내용은 제2지대와 마찬가지로 무진훈련이었다. 예를 들어, ① 정보학을 중심으로 한 독도법, 첩보의 수집·분석·평가에서부터 지형·기상의 판단 방법과 선전 삐라 작성에 이르는 광범위한 과목, ② 각종 폭발물 취급에 대한 기술, ③ 실제 송수신 방법을 비롯한 무전기 조작법 및 암호문 해독법, ④ 개별 또는 집단 유격활동을 위한 권총 사격, 수류탄 투척, 암살용 무기 사용, 도피 훈련, 야간 습격, 요인 납치, 민중선동 파업, 쿠데타 등에 대한 기능 실습이었다.

　7월 중순경, 입황 기지의 연락관이었던 조르겐센 대위가 서안에 가서 독수리훈련의 책임자 싸전트를 설득하여 작전 지휘본부를 입황으로 옮기는 문제에 대해 협의하였다. 그 결과 두 사람은 입황의 기지가 첩보통신 훈련시설을 잘 갖추고 있으며, 야전작전 수행에 더 유리한 활동 지역을 제공할 수 있을 뿐만 아니라, 서안과 입황 두 기지 병력의 공동진지로 활용할 수 있다는 데 의견을 모았다.

나아가 서안과 입황 양쪽은 조정 작업을 원활하게 하기 위해 두 기지 사이의 정기적인 일일 무선교신 계획도 수립하였다. 1개월간의 훈련이 진행되어 국내 정진작전을 도모하던 중 일제가 무조건 항복하고 말았다. 따라서 한반도 진입을 위한 특수훈련도 중지되고 말았다.

광복 후 중국 내 활동과 귀국, 그리고 고독한 최후

일제 패망과 중국에서의 한국 교민 선무 활동

1945년 8월 15일 일본이 정식으로 항복하였다. 중경의 임시정부에서는 현 체제 그대로 환국한 뒤에 민의에 따른 정부를 재조직하기로 결정하였다. 그런 다음 중국에서의 전후 처리와 환국 준비에 착수하였다. 8월 22일에 서안에서 중경으로 돌아온 김구 주석은 중국 측에 그동안 임시정부에 보내준 지지와 원조에 대한 사의를 표하고, "중국 내의 일본군 중에서 한인 사병을 특별히 대우하여 무기를 소지한 채 한국광복군으로 편입시켜 주도록 조치할 것"과 "일본군 점령지와 중경 지역 한국 동포의 귀국에 편의를 제공해 줄 것"을 요청하였다.

9월 2일, 임시정부에서는 성명을 발표하여 "임시정부가 조속히 환국

환국을 앞둔 임시정부 요인들

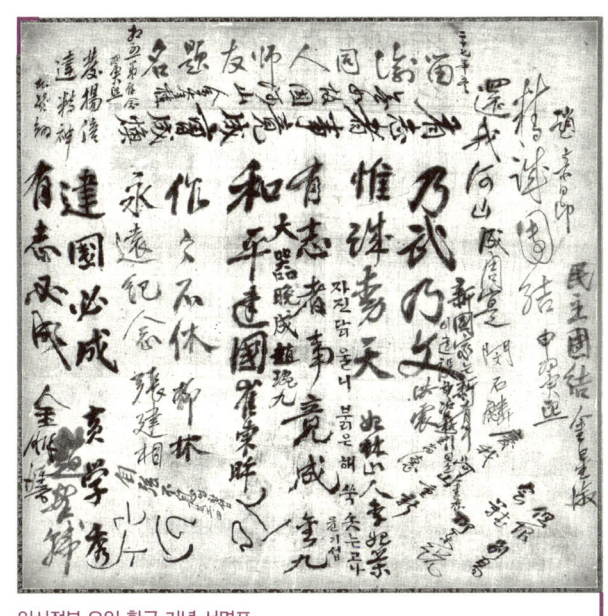
임시정부 요인 환국 기념 서명포

하여 한반도에서 일본인을 몰아낸 뒤에 임시정부의 권한을 국민에게 반환하고 정식 정부를 재조직하도록 하여, 한국의 독립을 확고히 하는 것'이 임시정부의 사명임을 천명하였다. 이튿날인 9월 3일에는 '국내외 동포에게 보내는 담화문(告國內外同胞書)'을 통해 일본이 정식으로 항복 문서에 서명하였음을 알렸다. 그리고 조국의 독립국가 건설에 대한 14개항의 '임시정부 당면정책'을 밝혔다.

환국에 앞선 1945년 10월 15일, 임시정부에서는 교민 보호 문제를 담당하는 한교선무단(韓僑宣撫團)을 조직하였다. 11월 1일 이후 한교선무단의 역할은 주화대표단(駐華代表團)에서 수행하게 되었다. 주화대표단은 임시

중국 국민당 정부의 임시정부 환송연회

정부가 환국한 이후 중국 정부와의 연락, 중국 내 한인교포들의 생명과 재산 보호, 귀국 문제 등을 처리하기 위해 설치한 기구였다. 주화대표단의 단장에는 박찬익, 대표에는 민필호閔弼鎬와 이청천이 임명되었다.

임시정부는 기존의 정부 체제를 그대로 유지하여 환국하려고 하였으나, 국내의 미군정측이 이를 허용하지 않았다. 미군정은 임시정부 요인들을 '개인 자격'으로만 환국하도록 하였다. 임시정부 요인들은 1945년 11월 말부터 어쩔 수 없이 개인 자격으로 환국하게 되었다. 임시정부 주석 김구를 비롯한 제1진 15명은 그 달 23일에, 그리고 군무부장 김원봉 등 제2진은 12월 1일에 귀국하였다.

임시정부는 일제 패망 후 중국 대륙에서 한국광복군 확군 사업을 추진하였다. 일제가 패망하자 임시정부는 중국 정부에 대해 일제가 강제로 동원한 일본군 내 한인청년들을 한국광복군에 편입시켜 줄 것을 요청하였다. 확군 사업의 목적은 한국광복군의 규모를 확대하여 귀국 후 건군의 기초로 삼기 위한 것이었다. 확군의 주된 대상은 중국 주둔 일본군 소속 한적장병韓籍將兵들이었다. 이들은 높은 학력과 건강한 신체를 지녔으며, 정규 군사훈련까지 받은 인재들이었다. 그 외에도 중국 거주 교민들 가운데 한인청년들도 한국광복군의 확군 대상이었다.

한국광복군 총사령 이청천의 명령으로 한국광복군 각 지대에서 일본군 점령지역에 군사특파단을 파견하는 동시에, 중국의 주요 도시에서 일본군 내 한적장병을 접수하여 한국광복군 잠편지대暫編支隊를 설치하게 되었다. 그리하여 일본군 점령지역과 가장 가까운 곳에서 활동하고 있던 제3지대는 일본군 점령지역의 한국 교포들을 보호하고 한적장병들을 인수하기 위해 각지에 군사특파단을 급파하기로 결정하였다.

김학규의 한국광복군 제3지대는 이러한 군사특파단 피견 계획을 중경의 총사령부에 보고하고 신속하게 특파단을 현지에 파견하였다. 그리하여 제3지대는 8월 19일부터 각지에 특파단을 파견하여 교민의 안전과 한적장병의 보호에 힘을 기울였다. 아울러 9월 12일부터는 일본군의 무장해제를 실시하는 중국군을 지원함으로써 한국 교포들의 안전 도모와 한적장병 인수 작업을 추진하였다.

그리하여 한국광복군은 중국 전선에 동원된 일본군 내 한적장병 전원을 흡수하여 기존의 제1, 제2, 제3의 3개 지대 외에 6개 잠편지대를 편성하고 국내에서도 1개 지대를 편성하여 총 10개 지대를 보유하게 되었다. 나아가 한국광복군 총사령부는 이를 완전 편제의 10개 사단으로 개편한다는 방침을 수립하게 되었다.

한국광복군은 확군 운동에 힘입어 1945년 10월 말 현재 수만 명의 병력을 보유하게 되었다. 이 무렵 한국광복군 총사령 이청천은 상해를 비롯하여 남경, 항주 등지를 순방하였다. 한국광복군 총사령부는 각지에서 한국광복군 잠편지대의 활동 상황에 대한 보고를 받고 이들로부터 사열식을 받기도 하였다.

한국광복군은 일본이 항복한 이후, 일본군의 무장해제 과정에서 한적 장병을 접수하면서 병력 규모가 대폭 증가하였다. 이들은 중국 각지에서 지대별로 집체 훈련을 실시하면서 귀국 시기를 기다렸다. 그러나 한국광복군의 확군 활동이 순조롭게 마무리되지는 못하였다. 임시정부와 마찬가지로 미군정은 한국광복군이 군으로서의 편제를 유지하여 귀국하는 것을 허용하지 않았기 때문이었다.

이에 따라 한국광복군 전원은 교민과 함께 개인 자격으로 귀국할 수밖에 없었다. 이러한 미군정 측의 조치로 말미암아, 한국광복군 대원들은 일본군 포로 송환자와 같은 취급을 받기도 하였다. 혼란한 전후 사정으로 1946년 2월이 되어서야 미 제7함대의 협조를 얻어 귀국을 시작한 후, 1946년 2월 하순부터 6월 말까지 당고, 연운連雲, 상해, 산두汕頭, 광주 등 여러 항구에서 미 해군이 제공한 85척의 LST와 일본 선박을 이용하여 귀국을 완료하였다.

한국광복군의 귀환이 거의 끝나갈 무렵인 1946년 5월 16일, 한국광복군 수뇌부 역시 임시정부의 각료들과 마찬가지로 개인 자격으로 입국하기에 이르렀다. 한국광복군 총사령부는 이러한 현실을 감안하여 한국광복군 복원선언韓國光復軍復員宣言을 발표하였다. 광복군 총사령 이청천의 명의로 발표된 이 복원 선언은 결과적으로는 '한국광복군의 해산선언'이 되고 말았다. 일부 간부들을 제외하고 이청천, 이범석 등 대부분의 간부들은 6월까지 귀국을 완료하였다.

상해와 동북에서의 한국독립당 세력 강화 활동

김학규가 일제의 패망 소식을 들은 것은 1945년 8월 11일 안휘성 부양에서였다. 8월 9일 그는 한국광복군 제3지대의 OSS 합작훈련이 실시되고 있었던 입장에서 윔스 대위와 함께 부양 제3지대 본부를 향하여 갔던 것이다. 김학규는 제3지대 본부에서 약 1주일간 시국을 관망한 후, 8월 17일에 윔스 대위와 함께 임천비행장에서 중경으로 날아갔다. 중경에 도착한 후 임시정부 김구 수석, 한국광복군 총사령 이청천을 만나 한국광복군 확군에 대해 제의하고 협의하였다. 김구의 요청은 받은 국민당 정부 장개석 위원장은 한국광복군의 확군을 허가하였다.

김학규는 다시 OSS 본부가 있는 곤명으로 날아갔다. 9월 19일에 김학규는 OSS 헬리웰 대령에게 한국광복군의 귀국과 무전장비, 수송수단, 자금 등을 요청하였으며, 연락과 통역을 위해 한국계 미군 소위 정운수鄭雲樹의 파견을 요청하였다. 나아가 그는 북한에 진주한 소련의 위협을 강조하며, 한국의 공산화는 한국만이 아니라 동아시아 지역뿐 아니라 미국의 극동 정책이나 세계 평화에도 불행한 일이라고 지적하였

한국광복군 총사령부 주상해 판사처장 김학규와 참모 김우전

다. 이에 대처하기 위해서는 임시정부와 한국광복군을 강화시켜야 하며, 그들의 조속한 귀국을 위한 편의가 제공되어야 함을 요청하였다. 아울러 한국광복군의 한국 진입은 세계 평화에 기여할 것이라고 주장하였다.

김학규는 OSS 당국과 웨드마이어, 그리고 맥아더에게 한미 합작의 지속적인 추진을 요청하였다. 그는 OSS 부책임자 헬리웰 대령에게 소련이 북한 지역에서 친소 정부 수립을 획책하고 있으므로 이에 대항하기 위해서는 임시정부 및 한국광복군을 속히 귀국시켜야 한다고 주장하였다. 또, 한국광복군은 한국 국내의 질서 유지를 위한 군대 조직으로서 중요한 역할을 수행할 것이며, 미군정의 활동에도 큰 도움이 될 것이라고 강조하였다.

김학규 환국 환영회 기념(1948. 8)

한편 1945년 10월, 한국광복군 총사령 이청천은 중경의 총사령부를 남경으로 이전하였다. 총사령부는 제2지대의 북경 판사처와 제3지대의 북경 지구 특파단을 통합하여 총사령부 직할 판사처로 개편하고, 최용덕崔用德을 판사처 주임으로 임명하였다. 제3지대의 본부 요원으로 상해에 판사처를 조직하고, 이들 판사처로 하여금 총사령부의 업무를 대행하게 하였다.

상해 판사처 주임에는 제3지대 지대장 김학규가 임명되었다. 한국광복군 주상해 판사처 처장에 임명된 김학규는 상해 한국교민단과 밀접한 연계 하에 교포들의 생명 및 재산 보호에 힘을 기울였다. 김학규는 마침 상해에 온 화남선무단 단장 이청천과 함께 중국 제3방면군 탕은백 장군

한국독립당 남북협상 대표자 환영 기념(1948. 5. 20)

을 찾아가 상해 교민의 생명 및 재산 보호 문제에 대해 중국 측의 전면적인 협조 약속을 받아냈다. 또, 상해의 한인 친일파를 체포하는 등 친일파 처단 활동을 전개하기도 하였다. 그리하여 전후 3만여 명의 교포를 안전하게 귀국시키는 데 전력하였다.

상해에서 한국 교민과 한국광복군의 귀국을 완료한 김학규는 남경으로 이동하여 임시정부 주화대표단에서 활동하였다. 여기에서 그는 중국 각지에 있는 한인들의 생명 및 재산 보호 문제에 대해 중국 정부와 교섭하였다. 1946년 9월에는 주화대표단 단장 박찬익과 함께 만주로 가서

삼균주의학생동맹 제1회 학술연구회(1948. 6. 12)

한인의 생명 및 재산 보호, 안전한 귀국을 위해 노력하였다.

　1945년 가을 김학규는 한국독립당 동북특별당 부위원장에 임명되어 한국독립당의 세력을 만주에 부식시키는 데 공헌하였다. 그에게 만주는 동북 아시아의 정국을 좌우하는 곳이자 한반도 통일의 기지였다. 그는 "만일 만주에서 중국 중앙 정권이 튼튼히 서 있고 그에 의하여 우리 한인의 민주 세력이 다소라도 서 있다고 하면 북한 적색 괴뢰 집단은 남한 민주세력과 만주 민주세력의 협공으로 꼼짝하지 못할 것"이라고 확언하였던 것이다. 그의 구상은 만주에서 반공 민주세력을 양성해 공산세력을 박멸하고 남북통일을 이룩해야 한다는 것이었다. 만주를 반공 기지

건국실천원양성소 제5기 수업 기념 5기(앞줄 오른쪽 첫 번째, 1948. 12. 19)

한국독립당 제7기 전국대표대회(1949. 6. 14)

로 삼아 남한 반공세력과 함께 북한을 공격해 통일을 이룬다는 계획이었다. 그러나 이러한 그의 꿈은 중국 국민당이 공산당에게 밀리면서 좌절될 수밖에 없었다.

1948년에 접어들어 김학규는 중국 공산당의 만주 함락에 즈음하여 교민 1만 2천여 명이 미군 수송기로 탈출하여 귀국할 수 있는 길을 닦았다. 이 해 2월 그는 봉천을 떠나 상해로 갔다. 그는 상해의 주한 미군정청 사무실을 통해 미군정청에 만주 교민의 귀국을 위한 선박을 요청하였다. 이때 미군정청이 동원한 선박으로 만주 교민 1만여 명이 귀국하게 되었다.

귀국 후 김구 시해 사건 연루와 억울한 옥살이

상해에서 활동하고 있던 김학규는 신문보도를 통해 1948년 4월 18일 평양에서 남북연석회의가 개최되고 여기에 임시정부 주석 김구가 참석한다는 소식을 접하게 되었다. 그는 김구의 남북협상운동이 별다른 실효가 없고 북한에게 이용만 당할 것을 염려하여 이를 반대하고 있었다. 그래서 그는 김구의 평양행을 저지하기 위해 박찬익과 함께 급히 귀국하였다. 그러나 김학규가 40년 가까이 떠나 있던 조국 땅을 밟은 4월 19일, 김구 주석 일행은 평양으로 떠났다.

조국에 돌아온 김학규는 한국독립당 조직부장으로 분망한 나날을 보냈다. 그러던 중 1949년 6월 26일 김구가 국군 포병 대위 안두희에 의해 시해되는 사건이 일어났다. 사실 우익 청년들의 김구에 대한 암살 시도는 끊이지 않았다. 김학규도 1948년 12월부터 서북청년단 안에서 김구 암살단이 조직되었다는 이야기를 알고 있었다. 김학규의 회고에 의하면, 1949년 1월경 백윤호라는 청년이 찾아왔고 그가 서북청년단 태평로 지단장인 홍종만이라는 사람을 소개하였다고 한다. 김학규는 이때 백윤호가 정보원이었으며, 의도적으로 한국독립당에 접근하였다고 하였다. 이어서 홍종만을 통해 안두희를 알게 되었고, 안두희는 김학규의 집에 올 때마다 홍종만을 데리고 와서 대한민국에 대한 불평불만을 늘어놓으며 김학규에게 쿠데타를 하자고 권유하였다. 김학규는 한국독립당의 노선이 평화통일임을 역설하며 안두희의 쿠데타 획책을 비판하였다.

하지만 안두희를 비롯한 극우테러조직인 백의사는 1948년 2월 김구의 반공노선 폐기와 남북협상 추진에 크게 분노하고 결국 김구를 암살하였던 것이다. 그런데 김학규가 안두희의 김구 시해사건에 연루되어 체포된 것은 역사의 아이러니가 아닐 수 없다. 그가 체포된 이유는 안두희를 한국독립당 당원으로 입당시켰으며 대한민국을 파괴하려 하였다는 것이다. 김학규는 훗날 『혈루의 고백』이라는 글을 써서 당시의 심정을 남겼다.

지금으로부터 20년 전에 그러니까 1949년 6월 26일 정오 12시 35분이었다. 경교장 2층에서 요란한 총성이 울렸고 이 총탄을 맞고 쓰러진 분이 어찌 민족의 지도자 백범 김구선생일줄이야! 일평생을 조국의 독립을 위하여 죽음을 무릅쓰고 잔악한 일본 제국주의에 투쟁한 백범선생님을 왜

김학규 사회장(1967. 9)

놈의 총탄도 아닌 내 동포가 사살하다니 어찌될 말이냐! 슬프다! 삼천만 동포의 통곡은 천지를 흔들었고 산천초목도 그 생기를 잃고 슬퍼했다. 그러나 이승만과 그 도졸徒卒은 죽여도 시원치 않은 살해범 안두희를 무기징역에서 1년도 못되어 형감면 또 형정지 그리고 군에 재복무시켜 육군 소위에서 육군 중령으로 진급시켜 가면서 호사시켰던 것이다. 여기 나 학규는 백범선생을 회고하건대 뜨거운 혈루를 금치 못하는 바이다. 당신의 굶주림을 참고서 젊은 동지들을 격려하면서 상해 임시정부에서 한국독립당과 광복군을 채쭉질하던 일, 임시정부의 주석으로서 8·15와 더불어 귀

김학규 어록비

국하시자 그해 12월 27일 소위 모스크바 삼상회의에서 우리 한국을 4개국 5개년 신탁통치란 결정을 보게 되자 백범선생은 이것이 한국의 자주독립 원칙에 위반된다 하여 반탁운동을 전개하셨던 일. 그리고 1948년 4월, 이남에서 정부를 수립하면 이북에서 또 하나의 정부가 수립되며 이로써 동족상잔의 유혈을 초래케 되니 어떻게 하드라도 통일 독립의 정부를 수립해야겠다고 칠십노구를 이끌고 38선을 넘어 평양에 가서 남북협상에 참석했던 것이다.

김학규는 자신이 존경해고 따르던 김구의 죽음이 받아들일 수 없는 슬픔인데, 게다가 거기에 자신이 연루되어 억울한 누명을 쓴데 대해 '혈루를 금치 못한다'고 하여 비참한 심경을 토로하였다. 결국 김학규는 군사재판에서 징역 15년형의 판결을 받고 억울한 옥살이를 하였다.

그러나 투옥 후 얼마 지나지 않아 6·25전쟁이 일어났고, 그는 당시에 서울을 점령한 북한군에 의해 풀려났다. 하지만 이승만 정권 하에서 김학규는 정계를 떠나 은둔 생활을 하였다. 그가 다시 활동을 재개한 것은 1960년 4·19혁명 이후였다. 4·19혁명으로 이승만 정권이 붕괴되자, 그는 한국독립당을 재건하여 최고대표위원을 역임하는 등 활동을 재개하였다. 1962년에는 독립운동 공적을 인정받아 건국훈장 독립장이 추서되었다. 1967년 9월 20일 향년 68세로 불운한 여생을 마감하였다.

김학규는 30여 년에 걸쳐 만주의 조선혁명군과 한국광복군으로 대일 독립전쟁에 일생을 바친 군인이었다. 그는 만주에서 조선혁명군 참모장으로 대일전을 치르면서 항일 명장으로 이름을 떨쳤다. 그리고 관내 지역으로 이동한 후에는 임시정부 군사위원회에서 군사활동을 기획하였으며, 임시정부의 국군 한국광복군을 창설하여 광복의 그날까지 대일 항전에 매진한 항일 투사였다.

김학규의 삶과 자취

1900	11월 24일 평남 평원군 서해면 사산리에서 의사인 부친 김기섭의 4남 2녀 중 셋째아들로 출생
1905	부친 사망
1910	국권 침탈에 즈음하여 대한제국 군인이자 독립운동가였던 이갑을 따라 만주로 건너감
1911	12월 만주 통화현의 황무지 산골에 정착
1919	3·1운동 후 신흥무관학교 장교 양성반 졸업. 졸업 후 서로군정서 한국의용대 소대장으로 활동
1920	일제의 소위 '경신토벌'로 형제들이 살해되는 박해를 피해 봉천 신민현으로 탈출하여 영국인 목사 오멜브나(Omelvena)의 보호를 받음
1921	영국인 경영 봉천 문회고급중학 졸업
1927	유하현 삼원포 소재 민족학교인 동명중학교에서 교편생활
1928	삼원포에서 서로군정서 견습 사관으로 활동
1929	홍경현 왕청문의 국민부 중앙집행위원 및 조선혁명군 총사령 양세봉 장군의 참모장으로 홍경현 전투, 통화현 쾌대무 전투, 강전자 전투 등에서 승전고를 올림. 이 무렵 독립운동의 평생 동지인 오광심과 결혼
1932	4월 29일 중국의용군 사령부에 가서 당취오와 면담하고 양측이 긴밀한 군사관계를 유지하여 한중연합으로 항일무장투쟁을 전개하기로 결의하는 동시에 대일 작전에 관한 협정을 체결

1934	5월 부인인 오광심과 함께 농부로 변장하여 만주 안동, 청도, 천진, 북경을 거쳐 남경에 도착, 만주에서 진행되고 있는 조선혁명군의 대일작전 상황보고와 조선혁명군에 대한 인력, 물력 보급의 필요성과 긴요성을 역설
1935	남경통일회의에 조선혁명당 대표로 참가, 같은 해 7월 4일 단일대당 창립대표회의를 개최하여 신당의 당명, 당의, 당강, 정책 등을 결의하고 다음날 민족혁명당 결당식을 가진 뒤 중앙집행위원으로 선임되었으며 동당의 만주 지부장으로 임명됨
1936	1월 군사교리를 연구하고 군사학을 습득하기 위하여 중국육군중앙군관학교 여산특별훈련반에 가서 1년 동안 군사훈련을 받고 남경에 돌아옴
1937	4월 남경에서 조선혁명당을 재건한 후 집행위원에 선임됨
1937	8월 임시정부의 외곽단체인 한국광복운동단체연합회 결성에 조선혁명당의 대표로 참여, 임시의정원 중령中領 의원으로 의정 활동
1937	임시정부 군무부 산하에 설치된 군사위원회 위원으로 선임되어 독립전쟁에 대한 계획안을 작성하고 군사 인재를 양성하고 군사상 필요한 서적의 연구, 편찬에 종사
1940	5월 조선혁명당 대표로 통일신당인 한국독립당을 조직, 중앙집행위원에 선출
1940	9월 17일 중경 가릉빈관에서 한국광복군 총사령부 성립전례식에 참석, 같은 해 11월 한국광복군총사령부 참모장 대리로 임명된 후 서안 이부가에 사령부를 설치하고 적후방 공작을 추진, 총사령부 예하 5개 지대 가운데 제2지대장에 임명됨
1941	7월 한국광복군 제2지대 지대장직을 이범석에게 인계
1942	초모공작을 위해 한반도와 가까운 산동반도로 가다가 중간지점인

	안휘성 부양에 정착, 1945년 일제 패망 때까지 부양에 거점을 두고 항일투쟁을 전개
1943	안휘성 임천 소재 중국 중앙훈련단 임천분단 내에 한국광복군훈련반을 설치하여 적후방으로부터 탈출하는 한인 청년들을 위한 교육훈련을 실시
1945	안휘성 입황에서 OSS 무전훈련을 실시하였으나 일제가 무조건 항복하는 바람에 중단됨. 같은 해 10월 한국광복군 주상해 판사처 처장에 임명되어 교포들의 생명과 재산을 보호하였으며 3만여 명의 교포를 안전하게 귀국시키는데 전력함
1946	9월 한국독립당 만주특별당 부위원장에 취임하여 만주의 교민 보호 및 귀국 활동 전개
1948	4월 귀국 후 한국독립당에서 활동
1949	6월 김구암살사건에 연루되어 15년형을 받고 옥살이를 함
1950	6월 출옥 후 은둔 생활
1960	4·19혁명 후 한국독립당 대표위원 역임
1962	정부에 의해 건국훈장 독립장에 추서됨
1967	9월 20일 향년 68세로 서거

참고문헌

자료

- 『獨立新聞』, 『光復』, 『韓民』, 『신한민보』, 『大韓民國臨時政府公報』, 『우리 通訊』.
- 朝鮮總督府, 『國外容疑朝鮮人名簿』, 1935.
- 金正明, 『朝鮮獨立運動』 2, 東京: 原書房, 1967.
- 秋憲樹, 『資料 韓國獨立運動』 1, 延世大 出版部, 1971.
- 독립운동사편찬위원회 편, 『독립운동사자료집』 제7집, 임시정부 자료집, 1973.
- 독립운동사편찬위원회 편, 『독립운동사자료집』 제9집, 임시정부 자료집, 1975.
- 독립운동사편찬위원회 편, 『독립운동사자료집』 별집 2집, 임시정부외교문서집, 1976.
- 國會圖書館, 『大韓民國臨時政府 議政院文書』, 1974.
- 독립기념관 한국 독립운동사연구소 편, 『光復』, 1987.
- 국사편찬위원회, 『대한민국임시정부자료집』 10, 한국광복군 1, 2006.
- 국사편찬위원회, 『대한민국임시정부자료집』 11, 한국광복군 2, 2006.
- 국사편찬위원회, 『대한민국임시정부자료집』 12, 한국광복군 3, 2006.
- 국사편찬위원회, 『대한민국임시정부자료집』 13, 한국광복군 4, 2006.
- 국사편찬위원회, 『대한민국임시정부자료집』 14, 한국광복군 5, 2006.
- 국사편찬위원회, 『대한민국임시정부자료집』 15, 한국광복군 6, 2006.

- 국사편찬위원회, 『대한민국임시정부자료집』 35, 한국국민당 Ⅰ, 2009.
- 김학규, 「지난 30년간 중국동북지방에서의 한국혁명운동」, 『광복』 제1권 제2기, 1941. 3. 20.
- 김학규, 「지난 30년간 중국동북지방에서의 한국혁명운동(續)」, 『광복』 제1권 제3기, 1941. 5. 20.
- 김학규, 「지난 30년간 중국동북지방에서의 한국혁명운동(속전)」, 『광복』 제1권 제4기, 1941. 6. 20.

회고록, 자서전, 편술서

- 김학규, 『혈루의 고백』(백범김구선생전집편찬위원회, 『백범김구전집』 12, 1999).
- 독립운동사편찬위원회, 『독립운동사』 제4권, 임시정부사, 1969.
- 독립운동사편찬위원회, 『독립운동사』 제6권, 독립군전투사(下), 1975.
- 韓光班學兵同志會, 『長征六千里』, 1979.
- 한국정신문화연구원, 『韓國獨立運動史資料集(中國人士證言)』, 박영사, 1983.
- 김학규, 「白波自敍傳」, 『한국 독립운동사연구』 제2집, 독립기념관 한국 독립운동사연구소, 1988.
- 金祐銓, 「光復軍 日記」, 『한국 독립운동사연구』 제3집, 독립기념관 한국 독립운동사연구소, 1989.
- 金俊燁, 『長征』 1, 나남, 1990.
- 장준하, 『돌베개』, 도서출판 세계사, 1992.
- 曹文奇, 『鴨綠江邊的抗日名將梁世鳳』, 遼寧人民出版社, 1990.
- 김문택, 『새벽으로 가는 길』, 인하대 출판부, 1995.
- 김구 저·도진순 주해, 『백범일지』, 돌베개, 1997.
- 조문기 지음, 안병호 옮김, 『양세봉: 1930년대 항일무장투쟁사의 큰 봉우리』,

나무와 숲, 2007.
- 김경옥 엮음, 『항일의 첨병, 백파 김학규 장군』, 2013.

연구논저
- 박창욱, 「조선혁명군과 요녕민중항일자위군의 연합작전」, 『수촌박영석화갑논총』, 탐구당, 1992.
- 한시준, 『한국광복군 연구』, 일조각, 1993.
- 한상도, 『한국독립운동과 중국군관학교』, 문학과 지성사, 1994.
- 廉仁鎬, 「해방후 한국독립당의 중국관내지방에서의 광복군 확군운동」, 『역사문제연구』 창간호, 1996.
- 장세윤, 『중국동북지역 민족운동과 한국현대사』, 명지사, 2005.
- 장세윤, 『1930년대 만주지역 항일무장투쟁』, 한국독립운동의 역사 51, 독립기념관 한국 독립운동사연구고, 2009.
- 김병기·반병률, 『국외 3·1운동』, 한국독립운동의 역사 21, 독립기념관 한국독립운동사연구고, 2009.
- 신주백, 『만주지역 한인의 민족운동사(1920~1945)』, 아세아문화사, 1999.
- 서중석, 『신흥무관학교와 망명자들』, 역사비평사, 2001.
- 김광재, 『한국광복군』, 한국독립운동의 역사 52, 독립기념관 한국 독립운동사연구소, 2007.
- 염인호, 『또 하나의 한국전쟁』, 역사비평사, 2010.
- Clarence N. Weems, "American-Korean Cooperation(1941~1945): Why Was It So Little and So Late?" (A Paper submitted to Columbia University Seminar on Korea, February 20, 1981).
- Maochun Yu, *OSS IN CHINA: Prelude to Cold War*, New Haven and London: Yale University Press, 1996.

찾아보기

ㄱ

강전자 전투 36
강제병합 17
경술국치 92
경신토벌 30
경위대警衛隊 104
경학사耕學社 17~19, 22, 93
계몽운동 12
계성주桂成柱 23
고이허高而虛 38, 55, 59
고활신高豁信 52
9·18사변 38, 39, 46, 48, 53, 92~94
광무황제 13
『광복』 85, 88
광복군정부 14
광복진선 67
교민단僑民團 64
교성대 29
국권회복운동 13
국민대표회의 78
국민부國民府 34, 35, 38, 39, 51, 52, 94
국제방송국 31, 86
국제연맹 조사단 40
군무부 76, 97, 98, 106
군사위원회 63~66, 79, 136
군사특파단軍事特派團 76, 79, 84, 123
군정부軍政府 22
금두화락 교회 23
김광산 98~100
김구 5, 49, 65, 67, 70, 73, 79, 81, 83, 102, 110, 119, 122, 125, 132, 133, 136
김국주 104
김규식金奎植 52, 54, 56~58
김규열 104
김기섭金基燮 11
김달이 28
김동삼金東三 17
김두봉金枓奉 53, 57, 58
김무칠 28
김봉준 73
김상덕 58
김성숙 70
김승근 102
김용택 102
김용호 104
김우전 104, 114, 116
김원봉 49, 52, 56~59, 70, 122
김윤택金允澤 102
김이대金履大 39
김이호 104
김지영金志英 51
김창환 28, 29, 58

김태훈金泰勳 58
김학규 56, 57
김활석 56, 57
김희선金義善 13

ㄴ

남경중앙방송국 41
남만주학원南滿洲學院 32
남북연석회의 132
남북협상운동 132
노무라野村 42
노백린盧伯麟 13
노복선盧福善 76

ㄷ

당고협정塘沽協定 46
당취오唐聚五 39~43, 48, 50
대도회大刀會 38, 40
『대동역사大東歷史』 28
대한국민의회 22
대한독립단 94
대한독립당 56, 57
대한민국 임시정부 4, 29, 81, 94
대한인국민회 14, 67
대한제국 8, 13
대한제국 무관학교 29
대한통군부 94
대한통의부 52
도노반William J. Donovan 112
독립선언 경축대회 23
『독립신문』 85

독립운동방략 77, 78
독립전쟁 24, 25, 52, 76, 77, 88
독립협회 12
독수리작전Eagle Project 112
동명중학교東明中學校 31, 32, 35, 37
동방백東方白 83
동변도東邊道 14, 25, 43, 48
동변도 대토벌작전 47
동북한교정세 일반東北韓僑情勢 一般 39
동북항일민중구국회 39
동지동포 제군에게 보내는 공개통신 70
동화학교東華學校 31
등철매鄧鐵梅 45

ㄹ

러일전쟁 14
리튼 40
링컨 16

ㅁ

마에다植田 42
만민공동회 12
만주국滿洲國 38
만주독립군 28
맥아더 117, 126
모스크바 삼상회의 135
문일민文逸民 67
문회고급중학文會高級中學 30, 31
미국 전략첩보국OSS 111, 113, 115, 117, 125, 126
미군정 124

민족유일당 33~35, 53, 70
민족유일독립당 재만책진회 34
민족자결론 94
민족혁명당 56~58, 67, 70
민필호閔弼鎬 122

ㅂ

박건웅朴建雄 54, 67
박경평朴慶平 40
박영준 106
박찬익朴贊翊 67, 122, 128, 132
반도인 학도육군특별지원병 102
배경진 104
배달학교倍達學校 31, 37
백윤호 133
백의사 133
버취John M. Birch 114
변영근 104
변창유邊昌裕 51
병농제兵農制 18
병학교兵學校 26
보흥학교普興學校 23, 31
부민단扶民團 17, 19, 21~24, 93
북간도 22
북로군정서 22
블라디보스토크 13

ㅅ

4·19혁명 136
삼광학교三光學校 31
3부 통합 운동 34, 94

삼성여학교三成女學校 23, 31
3·1운동 21~23, 25, 27, 31, 80, 87, 93
상동교회尙洞敎會 12
상동청년회 12, 13
상트페테르부르크 13
상해사변 53
상해 한국교민단 127
서간도 14, 17, 20~22, 31, 36, 47
서로군정서 22, 29, 30
서로군정서 한국의용대 29
서북청년단 133
서북학회西北學會 13
서파徐波 76, 98~100
석만금石萬金 102
선전위원회 85
섭경산葉景山 51
성주식 52, 58
속성군관학교 36
손병희 94
송병조宋秉祚 53, 73
순안병원 9
시게미츠重光 42
시라가와白川 42
신간회 33
신개령新開嶺 전투 44
신규섭 98~100
신민부新民府 33, 34
신민부 민정위원회 34
신민회新民會 13, 17, 25, 28
신송식 98, 99, 104
신익희申翼熙 54, 56~58
신한독립당 54, 56, 57
『신한민보』 80

신흥강습소 93
신흥무관학교 14, 17, 18, 24~29, 94
신흥학우단 30, 94
『신흥학우보新興學友報』 22
심용준 34
싸전트Clyde B. Sargent 111

ㅇ

안공근安恭根 64
안동安東 11
안두희 132~134
안세웅安世雄 51
안일청 73
안중근安重根 42
안창호安昌浩 13
애국계몽운동 13
양기탁 48, 56
양석복梁錫福 40
양세봉 35, 36, 38, 40, 41, 48
양우조楊宇朝 67
양하산梁荷山 36
양희부 41
엄도해 116
엄항섭 73
엄홍섭 106
오광심吳光心 36~38, 49~51, 55, 98, 99
오멜브나Omelvena 30
오성학교五星學校 13
오희영 98, 99
왕관지汪觀之 83
왕동헌王彤軒 40, 41, 44
왕봉각王鳳閣 39, 45

왕육문王育文 39
왕중량王仲良 76
요녕농민자위단遼寧農民自衛團 39, 40
요녕민중구국회遼寧民衆救國會 39, 40
요녕민중자위군 39~41, 43, 48
우학충于學忠 99
운남강무학교 52
웨드마이어Albert Wedemeyer 110, 112, 126
윌슨 94
윔스C. N. Weems 117, 125
유동열柳東說 13, 52, 59, 60, 64, 65, 73, 76
유세영柳世營 51
유자명柳子明 70
유치劉峙 82
윤기섭尹琦燮 28, 54, 57, 58
윤봉길尹奉吉 41, 49, 67
윤세주 57, 58
윤영무 104, 116
윤일파尹一波 36
윤창호 104
은양학교恩養學校 23, 31
을사늑약 12, 13
의명학교義明學校 9
의병전쟁 12
의열단義烈團 49, 51, 52, 54~57
의용대 30
이갑李甲 12, 13
이갑수 28
이관일 57
이관직 28
이광제 57, 58
이당치국以黨治國 35

이동녕 李東寧 17, 25, 28
이동진 104
이동휘 李東輝 14
이범석 李範奭 81, 96, 115
이복원 李復源 64, 106
이상룡 李相龍 17, 19, 24, 25, 28, 29
이석영 李石榮 27
이승만 5, 134, 136
이시영 李始榮 17, 24, 25, 27
이영수 李英秀 102
이웅 李雄 34, 52, 60
이유필 李裕弼 53
이장녕 28
이조년 李兆年 51
이준식 76
이창하 李昌河 51
이청천 李靑天 27, 56~59, 64, 65, 67, 73,
  81, 106, 123~125, 127
이춘윤 李春潤 39~41, 44
이토 히로부미 伊藤博文 42
이평산 104
이회영 李會榮 25, 27
일본 육군사관학교 12, 27
임시의정원 67, 97
임시정부 5, 22, 31, 47~49, 51, 60,
  62~66, 73, 75, 77, 78, 80, 84,
  104, 109~113, 119, 121~124,
  126, 132, 134, 136

ㅈ

장개석 49, 79, 125
장도순 28
장서만 張西曼 83

장학량 張學良 39
재건한국독립당 67
전민족유일당조직촉성회 34
전민족유일당협의회 34
정운수 鄭雲樹 125
정의부 正義府 33, 31, 36, 52
정재명 鄭在明 55
조경한 58
조동림 趙東林 102
조르겐센 117
조선민족전선연맹 70
조선민족해방동맹 70, 72
조선의용대 84, 96, 108
조선청년전위동맹 70
조선혁명간부학교 49, 51, 52
조선혁명군 4, 14, 15, 32, 33, 35, 36,
  38~43, 45, 48, 49, 51, 52, 57, 59,
  94, 136
조선혁명당 朝鮮革命黨 35, 37~39, 47, 49,
  51~53, 55~57, 59, 61, 65, 67, 70,
  73, 76, 94
조선혁명자연맹 70
조성환 曺成煥 63, 73, 76
조소앙 56~58, 65, 73, 83, 109
조시원 73
조완구 73
조종구 趙鍾求 58
조편주 104
조화선 45
주화대표단 駐華代表團 121, 122, 128
중경방송국 86
중국국민당 39, 49
중국군관학교 49
중국 육군중앙군관학교 59

중국의용군 35, 38, 39, 45, 50, 94
중앙육군군관학교 99, 103
중일전쟁 4, 61~63, 65, 67, 75, 80
중일 합동수색대 30
중한민족 합작의견서 39
「지난 30년간 중국동북지방에서의 한국혁명운동」 88
지복영 98, 99
진대경陳大慶 99
진의로 56~58
징모처 97~99, 106, 108, 116

ㅊ

차리석 73
차약도 104
참모부參謀部 76
참의부參議府 33, 34, 94
청일전쟁 9
첸놀트 Claire L. Chennault 114
최동오崔東旿 48, 52, 54, 56~60
최석순 57, 58
최용덕崔用德 127
최윤구 45
치안숙정공작 48
7당통합회의 70

ㅋ

카이로선언 85

ㅌ

탕은백湯恩伯 99, 103, 127
태평양전쟁 62, 109
통군부 30
통수부 106
통의부 30, 94
통화현 쾌대무 전투 35

ㅍ

평북장로회 31
평양 장로회 신학교 31

ㅎ

하얼빈 예술전문학교 51
한경희韓敬熙 31, 32
한광반 104
한교선무단韓僑宣撫團 121
한국광군 4, 28, 31, 66, 73, 76~81, 83, 84, 86~88, 96, 98, 102, 103, 106, 110~113, 115, 119, 122~126, 128, 136
한국광복군 복원선언韓國光復軍復員宣言 125
한국광복군선언문 81
한국광복군 총사령부 81, 86
한국광복군훈련반 84, 100, 103
한국광복운동단체연합회 65
한국광복진선 청년공작대 66
한국국민당 4, 65, 67, 70, 73
한국대일전선통일동맹 54
한국독립군 49
한국독립당 50, 53, 56, 60, 65, 70, 73,

94, 132, 133, 136
한국독립당 동북특별당 129
한국신韓國信 36
한국청년전지공작대 108
한국청년 훈련반 84
한국혁명각단체대표대회 54
한국혁명당 54
한국혁명동지회 54
『한민』 4, 50
한성수 104
한성정부 22
한인 청년양성소 13
한인청년회 23
한일래韓一來 54
『한족신보韓族新報』 22
한족회韓族會 17, 21, 22, 24, 27, 29, 37, 93, 94
한중연합 의용군 40
항일구국회 40
항일서사대회抗日誓師大會 40

항일의용군 39
허혁許爀 19
헤이그특사 사건 13
헬리웰Paul Helliwell 112, 125, 126
혁신의회 34
현익철玄益哲 34, 39, 59, 64
『혈루의 고백』 133
협성학교協成學校 13
홍구공원 폭탄의거 49
홍심원洪深遠 55, 58, 59
홍종만 133
홍진 65, 73, 83
홍창회紅槍會 38
화북 자치정부 47
화성의숙華成義塾 32
화흥중학교化興中學校 32, 36, 37
황제폐위 반대투쟁 13
황포군관학교黃浦軍官學校 51
황학수黃學秀 76, 96
흥경현 전투 35

역사공간이 펴내는 '한국의 독립운동가들'

독립기념관은 독립운동사 대중화를 위해 향후 10년간 100명의 독립운동가를 선정하여,
그들의 삶과 자취를 조명하는 열전을 기획하고 있다.

001 근대화의 선각자 – 최광옥의 삶과 위대한 유산
002 대한제국군에서 한국광복군까지 – 황학수의 독립운동
003 대륙에 남긴 꿈 – 김원봉의 항일역정과 삶
004 중도의 길을 걸은 신민족주의자 – 안재홍의 생각과 삶
005 서간도 독립군의 개척자 – 이상룡의 독립정신
006 고종 황제의 마지막 특사 – 이준의 구국운동
007 민중과 함께 한 조선의 간디 – 조만식의 민족운동
008 봉오동·청산리 전투의 영웅 – 홍범도의 독립전쟁
009 유림 의병의 선도자 – 유인석
010 시베리아 한인민족운동의 대부 – 최재형
011 기독교 민족운동의 영원한 지도자 – 이승훈
012 자유를 위해 투쟁한 아나키스트 – 이회영
013 간도 민족독립운동의 지도자 – 김약연
014 대한민국 임시정부의 민족혁명가 – 윤기섭
015 서북을 호령한 여성독립운동가 – 조신성
016 독립운동 자금의 젖줄 – 안희제
017 3·1운동의 얼 – 유관순
018 대한민국임시정부의 안살림꾼 – 정정화
019 노구를 민족제단에 바친 의열투쟁가 – 강우규
020 미 대륙의 항일무장투쟁론자 – 박용만
021 영원한 대한민국임시정부의 요인 – 김철
022 혁신유림계의 독립운동을 주도한 선각자 – 김창숙
023 시대를 앞서간 민족혁명의 선각자 – 신규식
024 대한민국을 세운 독립운동가 – 이승만
025 한국광복군 총사령 – 지청천

026 독립협회를 창설한 개화·개혁의 선구자 – 서재필
027 만주 항일무장투쟁의 신화 – 김좌진
028 일왕을 겨눈 독립투사 – 이봉창
029 만주지역 통합운동의 주역 – 김동삼
030 소년운동을 민족운동으로 승화시킨 – 방정환
031 의열투쟁의 선구자 – 전명운
032 대종교와 대한민국임시정부 – 조완구
033 재미한인 독립운동의 표상 – 김호
034 천도교에서 민족지도자의 길을 간 – 손병희
035 계몽운동에서 무장투쟁까지의 선도자 – 양기탁
036 무궁화 사랑으로 삼천리를 수놓은 – 남궁억
037 대한 선비의 표상 – 최익현
038 희고 흰 저 천 길 물 속에 – 김도현
039 불멸의 민족혼 되살려 낸 역사가 – 박은식
040 독립과 민족해방의 철학사상가 – 김중건
041 실천적인 민족주의 역사가 – 장도빈
042 잊혀진 미주 한인사회의 대들보 – 이대위
043 독립군을 기르고 광복군을 조직한 군사전문가 – 조성환
044 우리말·우리역사 보급의 거목 – 이윤재
045 의열단·민족혁명당·조선의용대의 영혼 – 윤세주
046 한국의 독립운동을 도운 영국 언론인 – 배설
047 자유의 불꽃을 목숨으로 피운 – 윤봉길
048 한국 항일여성운동계의 대모 – 김마리아
049 극일에서 분단을 넘은 박애주의자 – 박열
050 영원한 자유인을 추구한 민족해방운동가 – 신채호

051 독립전쟁론의 선구자 광복회 총사령 - 박상진
052 민족의 독립과 통합에 바친 삶 - 김규식
053 '조선심'을 주창한 민족사학자 - 문일평
054 겨레의 시민사회운동가 - 이상재
055 한글에 빛을 밝힌 어문민족주의자 - 주시경
056 대한제국의 마지막 숨결 - 민영환
057 좌우의 벽을 뛰어넘은 독립운동가 - 신익희
058 임시정부와 흥사단을 이끈 독립운동계의 재상 - 차리석
059 대한민국임시정부의 초대 국무총리 - 이동휘
060 청렴결백한 대한민국 임시정부의 지킴이 - 이시영
061 자유독립을 위한 밀알 - 신석구
062 전인적인 독립운동가 - 한용운
063 만주 지역 민족통합을 이끈 지도자 - 정이형
064 민족과 국가를 위해 살다 간 지도자 - 김구
065 대한민국임시정부의 이론가 - 조소앙
066 타이완 항일 의열투쟁의 선봉 - 조명하
067 대륙에 용맹을 떨친 명장 - 김홍일
068 의열투쟁에 헌신한 독립운동가 - 나창헌
069 한국인보다 한국을 더 사랑한 미국인 - 헐버트
070 3·1운동과 임시정부 수립의 숨은 주역 - 현순
071 대한독립을 위해 하늘을 날았던 한국최초의 여류 비행사 - 권기옥
072 대한민국임시정부의 정신적 지주 - 이동녕
073 독립의군부의 지도자 - 임병찬
074 만주 무장투쟁의 맹장 - 김승학

075 독립전쟁에 일생을 바친 군인 - 김학규

독립전쟁에 일생을 바친 군인 김학규

1판 1쇄 인쇄 2016년 12월 9일
1판 1쇄 발행 2016년 12월 20일

글쓴이　　김광재
기　획　　독립기념관 한국독립운동사연구소
펴낸이　　윤주경
펴낸곳　　역사공간
　　　　　주소: 04034 서울시 마포구 양화로 11길 18 원오빌딩 4층
　　　　　전화: 02-725-8806, 070-7825-9900
　　　　　팩스: 02-725-8801, 0505-325-8801
　　　　　E-mail: jhs8807@hanmail.net
　　　　　등록: 2003년 7월 22일 제6-510호

ISBN 979-11-5707-131-9 03900

- 잘못된 책은 바꿔 드립니다.
- 이 도서의 국립중앙도서관 출판예정도서목록(CIP)은 서지정보유통지원시스템 홈페이지 (http://seoji.nl.go.kr)와 국가자료공동목록시스템(http://www.nl.go.kr/kolisnet)에서 이용하실 수 있습니다.(CIP제어번호: CIP2016030796)